MAGNETISMO

A Força do Homem Integral

Nelson Moraes

Nelson Moraes

MAGNETISMO
A Força do Homem Integral

Aliança

1ª edição, Julho/2013, do 1º ao 3º milheiro

Título
Magnetismo a força do homem integral

Autor
Nelson Moraes

Revisão
Antônio Roberto de Carvalho

Diagramação
Thaís Sandroni Mota

Capa
Sonia Maria da Silva

Impressão
Bartira Gráfica e Editora S.A

Ficha Catalográfica

Dados Internacionais de Catalogação na Publicação (CIP)
— Câmara Brasileira do Livro | SP | Brasil —

Nelson Moraes
O magnetismo: a força homem integral /
Nelson Moraes. -- 1. ed. -- São Paulo:
Editora Aliança, 2013.

ISBN: 978-85-88483-95-8 / 128 páginas

1. Espiritismo 2. Magnetismo 3. I. Título.

13-06906 CDD-133.9

Índice para catálogo sistemático:

1. Magnetismo : Poder Invisível : Espiritismo 133.93

Editora Aliança
Rua Major Diogo, 511 – Bela Vista – São Paulo – SP
CEP 01324-001 | Tel.:(11) 2105 2600 | Fax: (11) 2105 2626
www.editoraalianca.com.br | editora@editoraalianca.com.br

SUMÁRIO

CONSIDERAÇÕES DO AUTOR

Quando o ser humano conhecer a sua mais ampla e mais profunda natureza, não acreditará mais em fórmulas mágicas, deixará de praticar rituais exteriores e passará a exercer a sua espiritualidade de dentro para fora.

Terá por característica a simplicidade.

Estará consciente de que os problemas e as dificuldades são inerentes ao processo evolutivo no qual está inserido. Não vai se desesperar jamais, nem sairá em busca de soluções milagrosas.

Saberá agir e confiar, guardando a certeza em seu coração de que a vida lhe dará segundo as suas obras.

Estará sempre pronto para servir, quando convocado pelas circunstâncias; o que lhe proporcionará um crescimento maior a cada oportunidade.

É para o despertar dessa consciência que realizei este trabalho, abordando vários temas, fatos e acontecimentos envolvendo o magnetismo, essa força imensurável intrínseca à natureza do ser humano, ainda pouco compreendida na sua magnitude.

Espero que esta obra possa auxiliar o leitor a encontrar o caminho para desenvolvê-la e aplicá-la em seu benefício e de todos à sua volta, transformando-a em valiosa ferramenta para alcançar o sucesso e a felicidade que deseja.

Nelson Moraes

Nelson Moraes

MAGNETISMO

A FORÇA DO HOMEM INTEGRAL

O MAGNETISMO HUMANO

O fluido universal é a matéria elementar de onde se originam todas as formas etéreas e densas, conhecidas e desconhecidas da Ciência. Mergulhados nesse fluido suscetível a transformações sob a força dos pensamentos, os mundos e todos os seres estão conectados uns com os outros, influenciando-se mutuamente.

"Os problemas sociais não estão nas atitudes da ignorância, mas sim no silêncio e na omissão dos que sabem".

Segundo André Luiz, "O fluido cósmico é o plasma divino, hausto do Criador ou força nervosa do Todo-Sábio. Nesse elemento primordial, vibram e vivem constelações e sóis, mundos e seres, como peixes no oceano. Nessa substância original, ao influxo do próprio Senhor Supremo, operam as Inteligências Divinas a Ele agregadas, extraindo desse hálito espiritual os celeiros da energia com que constroem os sistemas da Imensidade, em serviço de cocriação em plano maior, de conformidade com os desígnios do Todo-Misericordioso, que faz deles agentes orientadores da Criação Excelsa.

"Essas Inteligências Gloriosas tomam o plasma divino e convertem-no em habitações cósmicas, de múltiplas expressões, radiantes ou obscuras, gaseificadas ou sólidas, obedecendo a leis predeterminadas, quais moradias que perduram por milênios e milênios, mas que se desgastam e se transformam, por fim, o Espírito Criado pode formar ou cocriar, mas só Deus é o Criador de Toda a Eternidade."

Na parte 2 cap. IX, de *O Livro dos Espíritos*, os Espíritos afirmam: "...o fluido universal entrelaça todos os mundos, tornando-os solidários; veículo imenso da transmissão dos pensamentos, como o ar é, para nós, o da transmissão do som."

Segundo as teorias quânticas, existe no universo uma constante troca de energia a distância que se produz

> *"Vivemos mergulhados em um universo inteligente que grava e processa nossas ações, delineando nosso destino de acordo com as nossas obras."*

em consequência de ondas eletromagnéticas, que viajam no espaço à velocidade da luz. Tais ondas, constituídas por fótons, atuam sobre as partículas do meio e dos corpos.

Essas ondas eletromagnéticas reconhecidas pela Ciência, são formadas pelos pensamentos humanos que viajam pelo fluido universal, na mesma velocidade do pensar, influenciando o meio por onde transitam.

Uma vez emitido um pensamento, ele atua no fluido universal, criando clichês magnéticos, cuja forma e qualidade resultam das emoções e dos sentimentos de quem o emitiu; tornando-se um agente influenciador benéfico ou maléfico.

Ainda segundo André Luiz, "Pelos princípios mentais que influenciam em todas as direções, encontramos a telementação e a reflexão comandando todos os fenômenos de associação, desde o acasalamento dos insetos até a comunhão dos Espíritos Superiores, cujo sistema de aglutinação nos é, por agora, defeso ao conhecimento."

Emitindo uma ideia, passamos a refletir as que se lhe assemelham, ideia essa que para logo se corporifica, com intensidade correspondente à nossa insistência em sustentá-la, mantendo-nos, assim, espontaneamente em comunicação com todos os que nos esposem o modo de sentir.

> *"Não existe o sobrenatural e nem o paranormal. Tudo o que transcende aos sentidos comuns é o natural ainda desconhecido."*

"É nessa projeção de forças, a determinarem o compulsório intercâmbio com todas as mentes encarnadas e desencarnadas, que se nos movimenta o Espírito no mundo das formas-pensamentos, construções substanciais na esfera da alma, que nos liberam o passo ou no-lo escravizam, na pauta do bem ou do mal de nossa escolha. Isso acontece porque, à maneira do homem que constrói estradas para a sua própria expansão ou que talha algemas para si mesmo, a mente de cada um, pelas correntes de matéria mental que exterioriza, eleva-se a gradativa libertação no rumo dos planos superiores ou estaciona nos planos inferiores, como quem traça vasto labirinto aos próprios pés."

Esses clichês mentais resultantes da emanação dos pensamentos das coletividades, pairam sobre elas em camadas eletromagnéticas específicas, atraídas e aglutinadas por afinidades, passando a exercer sua influência sobre o comportamento dos seres humanos que as acolhem e com elas sintonizam como verdadeiras antenas psíquicas. Isso posto, cada qual está conectado às forças que lhe são afins.

O Espírito humano é energia, cujo padrão vibratório depende dos seus pensamentos e sentimentos, o qual, sob a influência de pensamentos positivos e de sentimentos nobres se eleva, vibrando em alta velocidade, ou despenca, vibrando

> *"Nossos horizontes estão circunscritos até onde a nossa mente alcança."*

em baixa velocidade sob a influência dos pensamentos negativos e dos maus sentimentos.

Uma pessoa que vivencia pensamentos e sentimentos negativos, é uma pessoa pesada; sua matéria orgânica é mais densa; os espaços vazios se contraem, submetendo-a com mais intensidade à força da gravidade. Ao passo que, numa pessoa dotada de pensamentos positivos e sentimentos elevados, os espaços vazios se dilatam e ela adquire uma leveza invejável.

Vou dar um exemplo bastante interessante: se colocarmos uma gota de água no fogo, o calor elevará o padrão vibratório da energia que constitui as moléculas que compõem a gota de água, tornando-a mais sutil, ou seja, transforma-se em vapor e se eleva na atmosfera. Mas, se a colocarmos em um congelador, o padrão vibratório da energia das moléculas baixa e ela se torna mais pesada e mais densa, ou seja, transforma-se em uma pedra de gelo.

O mesmo ocorre com o ar aquecido que faz subir o balão. Sob a ação do calor, o padrão vibratório da energia que constitui as moléculas do ar se eleva, tornando o ar no interior do balão mais leve do que o ar que o circunda.

É a velocidade do nosso padrão vibratório que determina com quais camadas de ondas eletromagnéticas estamos

"A vida é uma resposta, quem da vida espera sem o esforço da ação; longa será a espera e terrível será a desilusão."

conectados; alimentando-as e nos alimentando das suas qualidades psíquicas.

Aqueles que, sob as emanações mentais infelizes, mantém o padrão vibratório em níveis muito baixos, estão mais suscetíveis às enfermidades do que aqueles que cultivam pensamentos positivos. Somos o que pensamos e sofremos constantemente os efeitos do que sentimos, consequentemente, o nosso sucesso, a nossa felicidade e a nossa saúde são resultantes de nossa opção.

É desse universo invisível que extraímos o material que fortalece ou enfraquece o nosso magnetismo, o qual emanamos por meio do sistema nervoso, abrindo ou fechando portas em nossas relações com o mundo à nossa volta, construindo simpatias ou antipatias, promovendo bem-estar ou malefícios, semeando alegrias ou tristezas.

A troca de magnetismo é o primeiro contato que ocorre quando duas pessoas se encontram pela primeira vez. A influência magnética recíproca é que determinará se haverá entre ambos um elo de simpatia ou de antipatia, onde, muitas vezes, nem mesmo o diálogo poderá remover tal sentimento, marcando um relacionamento difícil ou um relacionamento feliz.

Somos todos magnetizadores por natureza. Estamos constantemente influenciando, de alguma forma, o meio

"Na compreensão das leis de causa e efeito, o acaso desaparece e o milagre deixa de existir."

onde vivemos e as pessoas com quem convivemos. Da mesma forma, impregnamos com o nosso magnetismo os objetos de uso pessoal, os quais se transformam em agentes retransmissores do nosso psiquismo, influenciando o meio e as pessoas que tiverem contato com tais objetos.

Há muito venho aprendendo a compreender e a lidar com o magnetismo. Isso se dá por força de uma incansável pesquisa e de alguns acontecimentos que vivenciei desde a minha infância, os quais, acredito, muitas pessoas devem ter vivenciado e que não são compreendidos, explicados nem catalogados pela Ciência.

A compreensão dessa magnífica força é a chave que elucida e esclarece uma infinidade de fenômenos, que ocorrem nos reinos da natureza e em todo o universo.

Certa vez, quando eu administrava a construção de um prédio industrial, na capital do estado de São Paulo, ocorreu um fato que ilustra bem esse fenômeno de impregnação psíquica magnética nos objetos de uso pessoal:

Um dos meus funcionários, o encarregado da obra, foi acometido de um mal estranho. Todos os dias chegava bem ao canteiro de obras, mas, assim que começava a trabalhar, passava a sofrer de cólicas intestinais violentas, sendo obrigado a retornar para casa. Porém, assim que deixava a obra, sentia-se

> *"Quando você começa a imaginar o futuro que deseja, já começou a construí-lo."*

muito bem. Isso se repetiu durante três dias. No quarto dia, conversávamos enquanto ele se trocava no alojamento da obra. Observando-o, desconfiei que o problema estava na roupa de serviço, pois bastava vesti-la para, logo em seguida, sofrer as dores que o impediam de trabalhar.

Perguntei a ele a origem da roupa que usava para trabalhar, disse-me que a calça e a cinta ganhara de uma vizinha, e que era a roupa do seu marido, o qual havia morrido há pouco tempo, vítima de um câncer intestinal.

Diante dessa afirmação, minhas suspeitas se confirmaram. Então, atuei com o meu magnetismo sobre as calças e a cinta e, a partir daquele dia, a roupa deixou de afetá-lo. Não mais sentiu as cólicas que o importunavam.

É evidente que a calça e a cinta daquele homem ainda se mantinham impregnadas do magnetismo oriundo do psiquismo de dor e de sofrimento que havia precedido a sua passagem para o mundo dos Espíritos, cuja atuação no organismo do meu funcionário alterava a estabilidade das células nervosas situadas na região intestinal, provocando-lhe dores semelhantes às que o tal homem havia sofrido.

Não houve nenhum milagre no ocorrido, mas sim uma ação natural, onde o meu magnetismo, atuando sobre a roupa, dissipou o magnetismo enfermiço com o qual foi

"Aquele que ensina, está revendo o que aprendeu."

impregnada. Uma ação que está ao alcance de todos, basta que haja uma vontade vigorosa, sustentada por um legítimo sentimento de solidariedade.

A qualidade do magnetismo varia entre as pessoas, assume características peculiares à fonte emissora. Existem magnetizadores que conseguem movimentar um objeto à distância, mas não conseguem curar uma ferida; outros curam com muita facilidade, mas não conseguem atuar movimentando objetos; outros mal conseguem hipnotizar alguém.

Kardec, na Revista Espírita de novembro de 1858, perguntou aos Espíritos:

– A força magnética, no magnetizador, depende de sua constituição física?

E obteve a seguinte resposta:

– Sim, mas sempre de seu caráter: em uma palavra, dele mesmo.

Por se tratar de uma força tanscendente, muitos acreditam que a sua ação ocorre por forças invisíveis que atuam através dos encarnados, ou que é uma ação mediúnica por conta de Espíritos desencarnados, aliás, tudo o que o Homem não compreende costuma-se atribuir à forças externas, com isso acabamos por ignorar a força que possuímos e que nos foi legada pela própria natureza. Daí surgem as superstições, os

"Somente os que querem acertar têm a coragem de reconhecer quando erram."

medos e o misticismo, inibindo o ser humano de desenvolver as faculdades de que é portador em estado latente.

O sistema nervoso é o veículo por onde flui o fluido magnético, portanto, depende do organismo. Porém, suas qualidades dependem dos sentimentos e do caráter do indivíduo.

Existem pessoas que, dotadas de sentimentos de inveja e de cobiça, sem perceber, emanam um magnetismo cuja propriedade pode até matar ou adoecer plantas e seres vivos.

No ano de 1970, eu morava em uma casa com um quintal muito grande. Como eu gosto de animais, passei a criar algumas galinhas, um casal de gansos e um peru. Certo dia, eu estava muito feliz, pois a gansa havia chocado seus ovos trazendo à vida seis filhotes. Uma conhecida nossa, dona do armazém onde realizávamos nossas compras, ficou sabendo e quis ver os gansos, pois, segundo ela, eles não procriavam facilmente no cativeiro. Certo dia, ela apareceu em casa e, logo ao entrar no quintal, demonstrou ser uma apaixonada pela criação de gansos e revelou-me que possuía três casais que nunca haviam procriado. Percebi no seu olhar e semblante uma certa indignação. Ficou algum tempo olhando para os gansos, admirando-os e elogiando a beleza de todas as aves do meu quintal. Logo depois se despediu e partiu.

> *"Se você está fazendo alguma coisa de forma rotineira há muito tempo, sem nada mudar, provavelmente está fazendo algo errado."*

No dia seguinte da sua visita, as galinhas não desceram do poleiro para se alimentarem. Ali ficaram defecando fezes líquidas até que acabaram morrendo. No terceiro dia, foi o galo que, à semelhança das galinhas, permaneceu no poleiro até a morte. No quarto dia, morreram os gansos. Entretanto, o peru continuou vivo, mas apresentava sinais de que também morreria, pois já não descia do poleiro e não se alimentava. Foi quando, conversando com minha mãe, chegamos à conclusão de que aquela mulher poderia estar por trás daquelas mortes, pois nenhum remédio veterinário conseguira curá-los.

Foi então que resolvemos tentar salvar o peru, magnetizando-o. Qual não foi a nossa surpresa quando, depois de algumas horas, após atuarmos sobre ele, apresentava uma visível revitalização, recuperando-se completamente ao final do dia.

A ação magnética negativa emitida pela mulher enfraqueceu o fluido vital dos animais, levando-os à morte em uma sinistra sequência: primeiramente morreram os mais fracos, no caso, as galinhas; depois o galo e mais tarde os gansos. Porém, o peru, por apresentar uma constituição física mais forte, conseguiu resistir mais tempo até que pudéssemos socorrê-lo.

"Quem vive pedindo aos céus, provavelmente está querendo tercerizar suas responsabilidades."

Todos os corpos orgânicos possuem uma eletricidade chamada fluido vital, no capítulo intitulado: "Do Princípio Vital, de *O Livro dos Espíritos*", os Espíritos fazem uma analogia interessante:

"Um aparelho elétrico, como todos os corpos da natureza, contém eletricidade em estado latente. Os fenômenos elétricos, porém, não se produzem senão quando o fluido elétrico é posto em atividade por uma causa especial. Poder-se-ia então dizer que o aparelho está vivo. Vindo a cessar a causa da atividade, cessa o fenômeno: o aparelho volta ao estado de inércia."

"Os corpos orgânicos são, assim, uma espécie de pilhas ou aparelhos elétricos, nos quais a atividade do fluido determina o fenômeno da vida. A cessação dessa atividade causa a morte. A quantidade de fluido vital não é absoluta em todos os seres orgânicos. Varia segundo as espécies e não é constante, quer em cada indivíduo, quer nos indivíduos de uma espécie. Alguns há, que se acham, por assim dizer, saturados desse fluido, enquanto os outros o possuem em quantidade apenas suficiente. Daí, para alguns, vida mais ativa, mais tenaz e, de certo modo, superabundante. A quantidade de fluido vital se esgota. Pode tornar-se insuficiente para a conservação da vida, se não for renovada pela absorção e assimilação das substâncias que o contêm."

"Os verdadeiros mortos caminham entre os vivos deste mundo."

"O fluido vital se transmite de um indivíduo a outro. Aquele que o tiver em maior porção pode dá-lo a um que o tenha de menos e em certos casos prolongar a vida prestes a extinguir-se."

O enfraquecimento do fluido vital, em partes ou integralmente, pode ocorrer na ausência de atividade. Isso explica a causa das doenças que surgem em função de uma vida sedentária. Temos um exemplo que facilita a compreensão desse fato: quando alguém sofre uma fratura e fica com um de seus membros engessado por algum tempo, ao retirar o gesso, por ausência prolongada do movimento que lhe é peculiar, os nervos e as fibras que proporcionam a atividade do membro em questão se enfraquecem de fluido vital, o qual deixa de circular nessa região, inibindo sua capacidade de retomar os movimentos, o que só será possível após várias seções de fisioterapia, onde os movimentos forçados recarregam o fluido vital que havia se esgotado.

Os corpos orgânicos são como baterias autorrecarregáveis, cuja carga depende da movimentação dos seus recursos, ou seja; mais atividade, mais vida; menos atividade, menos vida.

Magnetismo, fluido nervoso ou fluido elétrico, são apenas denominações. Na verdade, são a transformação do fluido universal.

"As dificuldades e as preocupações devem nos conduzir a mais ações, e não à depressão."

Ainda na *Revista Espírita*, de novembro de 1858, Kardec pergunta aos Espíritos:

– O fluido magnético emana do sistema nervoso ou está espalhado na massa atmosférica?

– Do sistema nervoso; mas o sistema nervoso o aure na atmosfera, foco principal. A atmosfera não o possui por si mesma, ele vem de seres que povoam o Universo: não é o nada que o produz, ao contrário, é a acumulação da vida e da eletricidade que essa multidão de existências libera.

Com essa resposta, ficou claro o que dissemos no início. Estamos conectados com as ondas eletromagnéticas afins, eletricidade que se acumula e que paira na atmosfera, fortalecendo o nosso magnetismo para o bem ou para o mal.

Quando emanamos o magnetismo à nossa volta, ele vai carregado da força dos nossos sentimentos e da força afim que sintonizamos na atmosfera que nos rodeia.

O magnetismo é um fantástico poder invisível de que dispomos e que podemos expandir e aprimorar, transformando-o na principal ferramenta para alcançarmos o sucesso nas nossas realizações e para a conquista da tão sonhada felicidade.

Além de valioso instrumento, quando bem desenvolvido, constitui-se em um poderoso escudo que nos protege

> "*Antes de sair para consertar o mundo, observa se o teu lar não precisa de reparos.*"

de sofrimentos desnecessários e de situações indesejáveis. Foi esse potencial natural ao Espírito humano que levou Jesus a afirmar: "Sois deuses!".

Até aqui enfocamos o magnetismo animal inerente aos seres humanos. Entretanto, existe o magnetismo cósmico universal que emana do Criador, por meio do qual são aplicadas as leis divinas e naturais que garantem que a cada um seja dado segundo suas obras.

"Quem ilumina a si mesmo, presta um grande serviço à humanidade."

Nelson Moraes

MAGNETISMO

A FORÇA DO HOMEM INTEGRAL

O MAGNETISMO CÓSMICO UNIVERSAL

Na conclusão de *O Livro dos Espíritos*, capítulo I, Kardec afirma:

"Quem, de magnetismo terrestre, apenas conhecesse o brinquedo dos patinhos imantados que, sob a ação do ímã, se movimentam em todas as direções numa bacia com água, dificilmente poderia compreender que ali está o segredo do mecanismo do Universo e da marcha dos mundos".

"A retórica de verbo refinado brilha, mas raramente ilumina."

Essa afirmação de Kardec não se restringe apenas ao magnetismo consistente nos corpos celestes, mas se estende ao magnetismo nas suas mais variadas configurações e que está presente em todas as partículas com as quais se constituem o micro e o macro Universo, ponderável e imponderável. É por meio desse fluido elétrico que os seres pensantes se atraem ou se repelem e se influenciam mutuamente, segundo seus pensamentos, suas emoções e seus sentimentos.

Na pergunta 388, de *O Livro dos Espíritos*, Kardec indaga:

"Os encontros, que costumam dar-se, de algumas pessoas e que comumente se atribuem ao acaso, não serão efeito de uma certa relação de simpatia?"

E obteve a seguinte resposta:

"Entre os seres pensantes há ligação que ainda não conheceis. O magnetismo é o piloto desta ciência, que mais tarde compreenderão melhor."

Esta resposta dos Espíritos coloca o magnetismo como piloto dessa ciência. Quer dizer, está no comando dos acontecimentos. É ele que atua para que haja tal encontro, ou seja, quando necessitamos compartilhar uma convivência com alguém, nosso encontro se dará infalivelmente, pois seremos atraídos

> *"A partir do momento em que a Religião se entregou aos interesses econômicos, a Fé ficou viúva da razão e o povo se tornou órfão da verdade."*

mutuamente por força de uma imantação magnética que liga os nossos destinos para uma convivência em comum.

Essa imantação é construída por meio das nossas ações praticadas durante nossas vidas sucessivas, segundo as quais, não só nos imantamos às pessoas, mas também aos acontecimentos que irão compor o roteiro das nossas provações e resgates, enquanto encarnados neste mundo de expiação e prova.

É por intermédio do magnetismo cósmico universal que nos imantamos e nos submetemos às leis naturais e divinas que nos impulsionam na direção das nossas necessidades evolutivas, situando-nos exatamente onde merecemos estar, e com quem devemos estar segundo as leis de causa e efeito.

Em *O Livro dos Espíritos*, no capítulo da Intervenção dos Espíritos, os Espíritos afirmam:

"O espiritismo e o magnetismo nos dão a chave de uma imensidade de fenômenos sobre os quais a ignorância teceu um sem-número de fábulas, em que os fatos se apresentam exagerados pela imaginação. O conhecimento lúcido dessas duas ciências que, a bem dizer, formam uma única, revela a realidade das coisas e suas verdadeiras causas".

Realmente, o estudo do espiritismo, sem uma compreensão maior do magnetismo, fica incompleto, pois o espiritismo nos revela a natureza espiritual do ser humano e nos

"O sábio não escuta apenas as palavras de quem lhe fala; ouve também o coração."

esclarece sobre as leis naturais e divinas às quais todos os seres estão submetidos, e o magnetismo, por sua vez, revela-nos o meio por onde essas leis se cumprem.

Estamos mergulhados em um universo inteligente! Podemos imaginá-lo como um poderoso e incomensurável computador que a tudo registra, grava e processa, elaborando arquivos coletivos e individuais. Nem mesmo um pensamento escapa a esse infalível mecanismo, sustentado pelo magnetismo cósmico universal que emana do Criador.

A cada atitude praticada, estamos gerando um destino que infalivelmente viveremos a longo ou médio prazo.

Ao praticarmos uma determinada ação, ela é imediatamente registrada e processada por esse fantástico mecanismo, o qual grava a seguir, em painéis eletromagnéticos, o resultado dessa ação, delineando o futuro que dela resultou, ao qual estaremos imantados e teremos que vivenciá-lo.

Muitos de nós, durante o sono, deixamos o corpo e vamos visualizar esses painéis. Mas, ao retornarmos ao corpo, não lembramos. Porém, quando vivenciamos o futuro que assistimos, temos a sensação de já tê-lo vivido. Aliás é um fenômeno muito conhecido, que chamamos de "dejavu", ou seja, algo já visto.

"Os gênios e os sábios que o mundo conheceu, também passaram pela escuridão das cavernas."

Nosso destino não depende somente das nossas atitudes, mas também dos nossos sentimentos. Os pensamentos alimentados por sentimentos infelizes constroem painéis que representam verdadeiros pesadelos que teremos de vivenciar no âmbito da nossa consciência, aqui ou no mundo espiritual.

Da mesma forma, as coletividades, por suas ações e sentimentos predominantes, processam o futuro coletivo.

Deus, na sua infinita sabedoria, jamais poderia deixar a aplicação das suas sábias leis nas mãos da criação. Por isso, criou um universo perfeito e inteligente que dá infalivelmente à cada um segundo as suas obras.

Somente dessa forma podemos entender que não existe o acaso. Tudo obedece a uma lei sábia e justa e acima de tudo misericordiosa, a qual nos permite reestruturar nossos destinos à medida que renovamos nossas atitudes. Além do mais, dispomos da ajuda dos nossos irmãos mais evoluídos, encarnados e desencarnados, que alcançaram a luz e agora intercedem por nós, e nos ajudam nas nossas dificuldades de aprimoramento.

Jamais devemos nos revoltar ante os acontecimentos que contrariam a nossa felicidade, os mesmos são frutos das nossas ações impensadas.

"O mais importante na vida é saber como você vive."

A única fatalidade que existe é viver eternamente. Nada do que acontece em nossas vidas foge ao controle das leis de conquista e de merecimento. Embora estejamos destinados a vivenciar infalivelmente algumas situações, elas não foram impostas a nós pela vontade divina, mas, sim, criadas pelas nossas ações e comportamentos nesta ou em outras vidas. Portanto, isso não é fatalidade.

No mundo espiritual, fazendo um balanço das nossas vidas sucessivas, revendo o tempo perdido nas ilusões e os equívocos cometidos, onde delapidamos valores indispensáveis à nossa felicidade e menosprezamos os recursos valiosos com que a natureza nos reveste, somos levados pela nossa própria consciência, atormentada pelo remorso, a planejar uma nova experiência física cercada de recursos reeducativos para nos auxiliar no aprendizado e na reparação dos erros praticados.

É nesse momento, que precede à nossa reencarnação, que o Espírito em obediência à sua consciência, define o tipo de morte que deverá experimentar para se libertar do remorso que o oprime e ofusca o brilho da sua paz interior. Da mesma forma, em decisão conjunta, atendendo às necessidades reparadoras, imantam-se a ele os Espíritos que deverão compor o quadro de convivências familiares, ligando-o até

"O mais importante em um caminho é saber como você está caminhando."

mesmo àqueles com quem compartilhará de uma convivência menos prolongada, mas necessária no seio da coletividade onde será situado.

Se o tipo de morte que poderá equilibrar sua consciência culpada for uma morte violenta, renascerá imantado à um acidente que deverá ocorrer no período em que terá que desencarnar, o qual poderá ser um acidente coletivo ou individual, mas que lhe proporcionará o equilíbrio consciencial. Pode ser uma bala perdida, uma queda, um ato de violência por parte de criminosos, um acidente de trânsito, enfim, as circunstâncias deverão atender às suas necessidades evolutivas e reparadoras. Nos casos mais amenos, onde a culpabilidade é menos grave, uma enfermidade específica poderá proporcionar-lhe uma morte que lhe dará o alívio consciencial de que necessita.

Por isso, afirmo sempre que as pessoas que desencarnam de forma trágica, são Espíritos heróicos que buscam a emancipação dos laços que ainda turvam a própria consciência, impedindo um voo mais alto na escala evolutiva.

O Espírito é energia. Sutiliza-se ou se condensa, segundo seu padrão vibratório. É o padrão vibratório do Espírito que determina a quais planos espirituais está ligado.

> *"O mais importante no sucesso é saber escolher os meios para alcançá-lo."*

Um Espírito pode estar comprometido com a própria consciência, mas, não se sentindo em condições para uma imediata reparação dos seus erros ou crimes, pede a Deus uma reencarnação para se fortalecer, para depois então, em uma outra oportunidade, reparar seus erros. Sendo assim, se aproveitar bem essa reencarnação, renovando suas atitudes para o bem, retornará para o mundo espiritual com uma alteração bastante sensível em seu padrão vibratório, o que lhe permitirá estar em um plano melhor entre os Espíritos afins e de uma convivência agradável, ou seja um plano feliz. Porém, quando surgirem em suas lembranças os erros ou os crimes não reparados, o remorso retomará sua consciência e seu padrão vibratório cairá vertiginosamente, projetando-o às zonas mais densas.

Nessas horas críticas, os Espíritos amigos que conquistou o socorrem, ajudando-o a retomar o equilíbrio e ele retorna ao plano em que estava, mas as lembranças infelizes continuarão abalando a sua consciência e a situação se torna insustentável.

É nesses momentos que o Espírito roga por uma reencarnação reparadora, na qual renascerá imantado às circunstâncias e aos espíritos com os quais irá compartilhar uma convivência de reparação a fim de retomar o equilíbrio da própria consciência.

"O mais importante em qualquer atitude é saber com que intenção a praticou."

A Suprema Inteligência nos aufere a liberdade para optarmos como e quando reparar nossos erros e crimes. Não somos empurrados aleatoriamente para as reencarnações para sofrermos indiscriminadamente.

Compreendendo o universo sob essa ótica, podemos discernir onde está a causa de todos os acontecimentos naturais ou provocados pelos seres humanos.

O magnetismo com o qual estamos imantados ao passado e ao futuro, é a chave para essa dilatada compreensão, onde o acaso desaparece e o sobrenatural deixa de existir. É a verdadeira integração do ser humano com a sua mais ampla natureza!

Atraídos por essa força incomensurável, estaremos sempre no lugar certo e na hora certa para vivermos nossas opções evolutivas, pois trata-se de um direito adquirido junto às leis divinas, o qual nos faculta vivenciar o que programamos.

Não existe força no universo que possa impedir de estarmos presentes aos acontecimentos que atenderão as nossas necessidades de expiação. Porém, as provas que escolhemos poderão ser alteradas segundo o nosso comportamento.

Se nos anteciparmos, aprendendo de antemão as lições que viriam no bojo de tais provações, elas deixarão

"O mais importante na tua vitória é saber que ninguém foi derrotado por isso."

de ser necessárias. Consequentemente, teremos alterado o nosso destino, poupando-nos de muitas dificuldades.

O magnetismo é também o grande cupido.

Ao planejarmos uma união matrimonial no mundo espiritual, mesmo que seja para um resgate entre ambos e entre os Espíritos que renascerão como filhos, renascemos imantados uns aos outros, de tal forma, que o reencontro no cenário terrestre será inevitável. No momento do reencontro, ambos sentirão uma atração irresistível; quase sempre confundida com o amor a primeira vista. Enlaçados nesse sentimento, tudo o que um vê no outro é maravilhoso. Não existem defeitos. Sentem que nasceram um para o outro.

Passado algum tempo, casam-se. Mas, depois de um certo tempo de convivência na intimidade do lar, o encanto e a influência exercida pela imantação magnética se diluem e ambos retomam seus próprios sentimentos.

O que planejaram no mundo espiritual foi atendido pela providência divina. Agora, o sucesso ou o insucesso dos objetivos dessa união, corre por conta de muita renúncia, compreensão e tolerância de ambos, a fim de superarem as diferenças e construírem o verdadeiro amor, que deverá apagar os desencontros de outrora, entre eles e os filhos que virão compor a família.

"O mais importante na fé é saber em que e quem você acredita."

Por falta desses sentimentos nobres, muitos fracassam, optando pela separação. André Luiz aconselha:

"Quanto ao divórcio, segundo os nossos conhecimentos no Plano Espiritual, somos de parecer que não deva ser facilitado ou estimulado entre os homens, porque não existem na Terra uniões conjugais, legalizadas ou não, sem vínculos graves no princípio da responsabilidade assumida em comum."

"Entretanto, é imprescindível que o sentimento de humanidade interfira nos casos especiais, em que o divórcio é o mal menor que possa surgir entre os grandes males pendentes sobre a fronte do casal, sabendo-se, porém, que os devedores de hoje voltarão amanhã ao acerto das próprias contas."

Compreendendo, como até aqui compreendemos a força do pensamento projetado em ondas eletromagnéticas, podemos exercer influências positivas para ajudarmos na transformação daqueles a quem estamos associados por uma convivência necessária.

Na convivência com uma esposa ou esposo atrabiliário, com o filho irresponsável ou com o irmão menos amigo, podemos usar a força do pensamento para envolvê-los com o nosso magnetismo de paz, de carinho e até mesmo com as advertências que se façam necessárias para induzi-los à uma consistente reeducação.

"O mais importante na em uma amizade é saber se você realmente é um amigo."

Essa prática consiste em conversarmos mentalmente com a pessoa todos os dias, mesmo estando distante. O diálogo deve se desenvolver enquanto a imaginamos como se estivesse à nossa frente.

Os resultados colhidos serão surpreendentes. Em mais de 25 anos ensinando essa prática, colhi várias centenas de depoimentos atestando a sua eficácia, alguns até hilários, como o de uma senhora que, conversando mentalmente com o seu marido enquanto dormia ao seu lado, levou um grande susto quando este, ainda dormindo, gritou: "Cala a boca mulher!".

Com certeza, nosso irmão, em Espírito, estava sendo saturado de advertências silenciosas, emitidas mentalmente pela esposa. Sua irritação manifesta em estado sonambúlico ocorreu porque quando o Espírito está liberto do corpo, ele não ouve pelos ouvidos. Seu subconsciente é que absorve as informações enviadas por palavras ou por pensamentos em forma de ondas eletromagnéticas.

Com essa prática, muitos lares retomaram a paz e a harmonia, muitas mágoas se desfizeram, inúmeras foram as reconciliações entre desafetos, muitas mães conseguiram alterar o comportamento de crianças hiperativas, e outras ajudaram muitos jovens a venceram o vício das drogas.

"O mais importante quando se tem uma boa ideia é colocá-la em prática imediatamente."

André Luiz, na psicografia de Chico Xavier, aborda com muita propriedade a capacidade mental de que dispõe o ser humano. Vejamos:

"Identificando o Fluido Elementar ou Hálito Divino por base mantenedora de todas as associações da forma nos domínios inumeráveis do Cosmo, do qual conhecemos o elétron como sendo um dos corpúsculos-base, nas organizações e oscilações da matéria, interpretaremos o Universo como um todo de forças dinâmicas, expressando o pensamento do Criador. E superpondo-se-lhe à grandeza indevassável, encontraremos a matéria mental que nos é própria, em agitação constante, plasmando as criações temporárias, adstritas à nossa necessidade de progresso."

"No macrocosmo e no microcosmo, tateamos as manifestações da Eterna Sabedoria que mobiliza agentes incontáveis para a estruturação de sistemas e formas, em variedade infinita de graus e fases. E, entre o infinitamente pequeno e o infinitamente grande, surge a inteligência humana, dotada igualmente da faculdade de mentalizar e cocriar, empalmando, para isso, os recursos intrínsecos à vida ambiente.

"Nos fundamentos da Criação vibra o pensamento imensurável do Criador e, sobre esse plasma divino, vibra

"O mais importante para conquistarmos a paz é saber contribuir com a paz dos outros."

o pensamento mensurável da criatura, a constituir-se no vasto oceano de força mental em que os poderes do Espírito se manifestam."

Realmente, tudo o que existe, que conhecemos ou ainda desconhecemos, passou pela mente de alguém. Se não foi pela mente do ser humano, foi pela Mente do Criador.

Tudo é criado pela mente. Primeiro, em estado plasmático, para depois sofrer as condensações necessárias de acordo com o plano vibratório a que se destina.

O pensamento e a vontade vigorosa movimentam os agentes eletromagnéticos que estruturam a forma plasmada, consolidando os clichês etéreos que irão comandar a condensação da criação mental.

O mesmo ocorre quando plasmamos mentalmente um acontecimento que desejamos que ocorra. Se perseverarmos na manutenção do desejo, os clichês etéreos irão se compor, imantando os elementos e as pessoas que deverão ser reunidas para que tal acontecimento venha a se realizar no momento oportuno. Isso, quando tudo contribuir para sua consolidação e quando tenhamos criado as circunstâncias favoráveis.

Infelizmente, a maioria dos seres humanos na Terra ainda é fraca de vontade, alguns a possuem vigorosa, mas

> *"O mais importante para vencermos as dificuldades é saber quais foram as suas causas."*

empregam-na na conquista dos valores efêmeros, causando mais mal do que bem para si e para os que os rodeiam. Ganham o mundo, mas comprometem o Espírito, granjeando encarnações dolorosas para o futuro.

"Mais importante que um remédio é saber preservar a saúde."

Nelson Moraes

MAGNETISMO

A FORÇA DO HOMEM INTEGRAL

O MAGNETISMO NAS RELAÇÕES SOCIAIS E PROFISSIONAIS.

A evolução espiritual do ser humano não está restrita apenas às práticas religiosas. Nosso desenvolvimento para o bem deve se dar de forma ampla, tornando-nos colaboradores do progresso em todas as áreas da manifestação humana.

"O mais importante no conhecimento é saber aplicá-lo em nossas atitudes."

Os conceitos de espiritualidade devem ser aplicados principalmente nas atividades comuns ao ser humano. No lar, no trabalho e na convivência com o mundo à nossa volta.

Um fisioterapeuta, em função do seu magnetismo de amor desenvolvido pela dedicação ao trabalho que realiza, alcança um sucesso maior e mais rápido na reabilitação do seu paciente. O mesmo se aplica em outras áreas das atividades humanas e pode contribuir para que o profissional seja bem sucedido em suas empreitadas, evoluindo na aplicação da inteligência e no desenvolvimento dos sentimentos nobres, os quais lhe auferem a confiança em sim mesmo. A insegurança deprime e anula o potencial do ser humano, ao passo que a confiança em si mesmo, sem a temeridade, assegura o sucesso nas suas realizações. Isso porque, o seu magnetismo positivo acaba inspirando a confiança naqueles a quem está subordinado ou naqueles de quem depende o seu sucesso.

Muitos são os obstáculos para se alcançar o sucesso profissional, mas quase todos podem ser superados.

Certa feita, fui procurado por um jovem recém-formado em administração de empresas, casado há pouco tempo e aguardando a chegada do primeiro filho. Suas preocupações se multiplicaram. O diretor da firma onde trabalhava não

"O mais importante diante das oportunidades é saber que elas se repetem com menos frequência do que as tentações."

simpatizava com ele, era de difícil trato. Temia pelo desemprego justo no período em que, com o nascimento do filho, suas responsabilidades no lar se tornavam ainda maiores.

Era evidente que a antipatia que o diretor nutria por ele colocava em risco o seu emprego.

Mas, como essa antipatia se estabeleceu, se o jovem e o diretor não se conheciam em período anterior?

O que ocorreu entre eles é um fato muito comum. Quando duas pessoas se encontram pela primeira vez, na troca de olhares e de forma silenciosa e imperceptível aos sentidos comuns, o magnetismo de ambos simultaneamente vasculham o passado nos bancos de dados existentes no subconsciente, cujas informações ali impressas por experiências de vidas anteriores, provavelmente não eram positivas, as quais trouxeram sensações estranhas para o presente, gerando a antipatia que ora impedia um bom relacionamento entre os dois.

Conhecedor dessa realidade, orientei o jovem a realizar uma prática cujos resultados são surpreendentes. Sua eficácia tem sido comprovada por uma gama muito grande de pessoas que venho orientando há muito tempo.

Orientei o jovem a mentalizar o diretor da empresa todas as noites e abraçá-lo por meio da imaginação, proferindo

"O mais importante na mudança interior é saber o que precisamos mudar."

palavras de estima e de amizade, afirmando que o admirava muito e que gostaria de contribuir sobremaneira para o sucesso da empresa. Enfim, enviar na sua direção palavras de solidariedade e de carinho.

Ele afirmou que sempre orava para o diretor, pedindo a Deus para que um dia pudesse desfrutar da sua amizade e confiança.

Eu disse a ele que orar é muito bom, mas o que estava precisando era agir. Expliquei que toda ação provoca uma reação. É da lei. Com essa atitude estaria acionando a lei ao seu favor e que a reação seria muito positiva.

O jovem aceitou minha orientação e dois meses depois retornou, dando-me um depoimento muito interessante:

– Sr. Nelson, o senhor não acredita. O meu chefe se tornou meu amigo, ainda hoje ele vistoriou a fábrica, caminhando comigo e com o braço apoiado no meu ombro, como se fôssemos velhos amigos.

Não é preciso dizer que o jovem prosperou na empresa.

Essas barreiras são muito comuns em nosso mundo, onde certos reencontros são necessários para apagarmos certas impressões que deixamos ao longo do nosso caminho evolutivo.

"O mais importante no trato das diferenças não é separá-las, mas harmonizá-las entre si."

De outra feita, o vendedor de uma renomada empresa enfrentava dificuldades para fechar negócio com um grande supermercado. O comprador era uma pessoa de difícil trato e poucos logravam realizar bons negócios com ele. Sua prepotência formava uma imensa barreira que só se desfazia quando fosse atendida todas as suas exigências.

Esse vendedor me procurou. Estava se sentindo inseguro, pois a empresa não cedia às exigências do comprador, mas cobrava dele a realização da venda, pois o supermercado era uma vitrine indispensável para a empresa expor seus produtos.

Aqui não se tratava de antipatia, mas sim de uma barreira magnética imposta pelo comportamento do comprador, o qual não se sensibilizava facilmente ante os problemas alheios.

Orientado por mim, o vendedor iniciou a prática mental, focando o tal comprador.

Depois de alguns meses, deu-me um depoimento surpreendente. Disse-me que não foi fácil realizar as mentalizações, pois no momento em que mentalizava a figura do comprador, sentia uma certa repulsa. Mas, insistiu até que conseguiu abraçá-lo mentalmente e enviar seus pensamentos

"A ficção e a ilusão, vendem mais do que a verdade."

fraternos e cativantes. Após algum tempo realizando essa prática todas as noites, foi visitar o tal comprador, pois a empresa onde trabalhava lhe havia cobrado as vendas que não vinham ocorrendo.

Ali chegando, entregou seu cartão à secretária e acomodou-se na sala de espera, onde outros vendedores também aguardavam. Não esperou muito tempo. Como era do seu feitio, o comprador despachou rapidamente cada um deles. Logo em seguida, a secretária o chamou. Ao entrar na sala, foi recebido com um largo sorriso, o que era muito raro.

– Sente-se – disse o comprador.

O vendedor se acomodou e ouviu algo inusitado, causando-lhe um certo espanto.

– É incrível! Há vários dias você não sai do meu pensamento. Você tem insistido tanto, que eu acho que chegou a hora de fazermos negócio.

A partir daí, configurou-se um clima completamente diferente das outras vezes quando tiveram contato. Segundo o vendedor, naquele dia fechou um ótimo negócio, muito além do que a sua empresa ansiava realizar.

É fácil compreender esse fenômeno. O vendedor, por meio do seu pensamento, derrubou aquela barreira

"No calor exacerbado da discussão quem tem razão se cala."

magnética que impedia qualquer relação mais íntima com o comprador, o que dificultava o seu trabalho. Isso não quer dizer que o comprador ficou mais sensível no trato com as pessoas. Seu caráter não mudou. Apenas diante dele é que o homem passou a se mostrar mais sensível e mais amigo.

O magnetismo é fator preponderante nas relações humanas. É o cartão de visita que não contém o nome da pessoa, mas o identifica por intermédio das sensações que causa no outro, revelando o que ela é por dentro, cujas particularidades quase sempre estão ocultas pelas aparências.

O mesmo ocorre quando adentramos em um ambiente. As sensações que sentimos revelam o tipo de pessoas que predominam no tal ambiente, pois o clima psíquico é resultante dos pensamentos e sentimentos da maioria das pessoas que ali se reúnem. Quando o ambiente de trabalho se torna estressante, é um sinal claro de que o psiquismo da empresa está sob a influência de um magnetismo negativo, construído, talvez, pela insatisfação de um grande número de funcionários que ali atua.

Provavelmente, falta nesse ambiente a solidariedade e a valorização do ser humano, o que acaba gerando um clima de insatisfaçao geral.

"O mais importante na escolha de um livro não é o número de páginas, mas sim o seu conteúdo."

Como reestruturar um ambiente nessas condições?

Com certeza, não basta trocar o quadro de funcionários. O problema é de ordem político-administrativa. Nos dias atuais, o sucesso de uma empresa não depende apenas do "QI" dos seus executivos, será preciso que desenvolvam a Inteligência Emocional, valorizando as relações humanas no ambiente de trabalho, pois não existe uma empresa, mesmo dotada de toda tecnologia e robótica, que não dependa da mão de obra humana. Quando predomina um psiquismo positivo e agradável no ambiente de trabalho, não existe o estresse.

A criação de eventos de confraternização e de valorização humana podem representar o início de uma reestruturação psíquica dentro da empresa.

O bom patrão faz o bom empregado; o bom empregado faz o bom patrão. Se não houver essa reciprocidade, a insatisfação será de ambos.

Geralmente, o executivo moderno aprende a lidar com metas e com números, mas esquece de que para alcançar os números e as metas, torna-se importante saber lidar com pessoas, porque delas dependerá o seu sucesso.

Hoje, contamos com um número bastante grande de profissionais que busca, na compreensão dos conceitos de

*"O mais importante na alegria
é ter com quem compartilhá-la."*

espiritualidade, os recursos para a melhor aplicação das suas potencialidades.

As reuniões de motivação nas empresas têm sido requisitadas por muitos executivos que já compreenderam que o seu sucesso não depende apenas da produção conseguida por meio de boas máquinas, mas, principalmente, de bons funcionários.

Nas profissões autônomas, temos hoje médicos, psicólogos, psiquiatras e terapeutas que atuam de forma psicossomática.

Médicos intuitivos e seguros da sua capacidade, cujo magnetismo inspira confiança aos seus pacientes, envolvendo-os com uma empatia singular.

Psicólogos e psiquiatras que transcendem as barreiras da materialidade e conseguem identificar a índole e as necessidades psíquicas dos seus pacientes, as quais pairam além das aparências físicas, tornando o tratamento muito mais eficaz.

Massagistas e fisioterapeutas, dotados de uma consciência espiritualizada, cujas mãos atuam desprendendo o seu magnetismo, acelerando a recuperação e a cura.

Dias virão em que os ventos da compreensão espiritual da vida soprarão nos meios políticos, educacionais e nos meios

> *"O mais importante na relação a dois; é saber renunciar em favor do outro."*

científicos. Daí então, o homem encontrará o caminho para solucionar os problemas que hoje afligem a humanidade.

Nesse período, o espiritismo, finalmente será reconhecido como a maior descoberta científica que revelou ao mundo a natureza mais ampla e mais profunda do ser humano.

E, quando todos se ajustarem à essa realidade, o mundo terá emergido da condição de planeta primitivo, ascendendo para a condição de um mundo de regeneração, onde o bem-estar social será a preocupação comum de todos os seus habitantes.

Léon Denis, um grande estudioso do magnetismo, nas afirmações que seguem, demonstra possuir uma visão ampla sobre essa imensurável força:

"O magnetismo não se limita unicamente à ação terapêutica; tem um alcance muito maior."

"É um poder que desata os laços constritores da alma e descerra as portas do mundo invisível; é uma força que em nós dormita e que, utilizada, valorizada por uma preparação gradual, por uma vontade enérgica e persistente, nos desprende do pesadume carnal, nos emancipa das leis do tempo e do espaço, nos dá poder sobre a Natureza e sobre as criaturas."

"O mais importante diante da dúvida é saber buscar a verdade."

"Possa o magnetismo benfazejo desenvolver-se na Terra, pelas aspirações generosas e pela elevação das almas! Tenhamos bem presente que toda ideia contém no estado potencial sua realização, e saibamos comunicar as nossas vibrações fluídicas, a irradiação de nobres e elevados pensamentos. Que uma vigorosa corrente ligue entre si as almas terrestres e as vincule a suas irmãs mais velhas do Espaço! Então as maléficas influências, que retardam a marcha e o progresso da Humanidade, se dispersarão sob os influxos do espírito de amor e sacrifício."

Uma pessoa que empreende em seus projetos com perseverança e com uma vontade vigorosa, geralmente está fadado ao sucesso, pois o pensamento, a ação elaborando circunstâncias que favoreçam a materialização das suas ideias, o imantará magneticamente ao futuro desejado. Se todos esses recursos forem reunidos e aplicados com a devida perseverança, nenhum obstáculo porá fim aos seus sonhos e projetos.

Certo homem, obstinado em seus projetos, trabalhava vinte horas por dia, descansando apenas quatro horas, dormindo todas as noites em meio às ferramentas e um pequeno torno da sua oficina, a qual foi montada com o dinheiro da hipoteca de sua casa e a penhora das joias da esposa.

"O mais importante diante da ignorância é saber ouvir e calar."

Depois de muita luta e trabalho, apresentou seu produto a uma grande empresa que o rejeitou, alegando que não atendia aos padrões de qualidade. Mas o homem insistiu e voltou à escola por mais dois anos para se aprimorar e melhorar o seu produto. Alí foi vítima de chacotas por parte de alunos e professores. Mesmo assim não desistiu e concluiu o curso para o aprimoramento de qualidade.

Voltou a oferecer à grande empresa o seu produto. Desta vez foi aprovado e fechou importante contrato. Porém, seis meses depois, veio a guerra e sua pequena fábrica foi bombardeada duas vezes.

Ainda assim não desistiu do seu sonho e reconstruiu a fábrica. Depois de algum tempo, um grande terremoto destruiu-a novamente.

Após a guerra, veio uma escassez de gasolina. Sem a fábrica, mas ainda firme nos seus projetos, adaptou um pequeno motor na sua bicicleta, para poder correr atrás do seu sonho. Andando pelas ruas, todos que o viam naquela incrível bicicleta motorizada. Ficavam maravilhados e começaram a encomendar o seu invento. A demanda foi muito grande. Então, resolveu montar uma fábrica para atender aos milhares de pedidos. Recorreu às lojas que

"O mais importante na arte de se comunicar é saber falar somente o necessário."

estavam interessadas pelas bicicletas motorizadas e mais de três mil o financiaram.

Hoje o Sr. Soichiro Honda, possui um dos maiores impérios da indústria automobilística; a Honda Corporation.

Vamos analisar com profundidade os recursos que contribuíram para tão notável realização, além dos recursos gerados por sua perseverança, obstinação e vontade.

A região onde estava situado, depois de uma guerra e de um terremoto. O lugar precisava desenvolver meios de subsistência para a população local. Como a providência divina jamais está ausente da criação, o plano espiritual superior que atuava naquela região precisava urgente inspirar e apoiar a construção de um parque industrial para gerar empregos para o povo sobrevivente da guerra e do cataclismo que ali se abateu.

É evidente que precisavam de um elemento reencarnado que reunisse o devido merecimento e a capacidade para materializar o que determinava a providência divina.

Pelo merecimento alcançado, segundo seu esforço e perseverança, o Sr. Honda foi o escolhido.

É assim que opera a providência divina.

"O mais importante na riqueza é saber evitar os excessos."

Por exemplo: quando uma descoberta científica deve chegar à Terra, o cientista mais esforçado e o mais dedicado às pesquisas relacionadas à tal descoberta, é que será escolhido para receber a inspiração e o apoio do mundo espiritual.

O indivíduo pode até não ser uma pessoa dotada de grandes valores espirituais, mas reúne os valores necessários para consolidar os planos da providência divina naquele momento. Além do mais, a lei do merecimento deve ser cumprida.

Foi dessa forma que surgiram na Terra os grandes conglomerados industriais que promoveram o progresso sócio-econômico em todo o planeta, onde cada qual, direta ou indiretamente, recebe uma parcela dos benefícios desses grandes empreendimentos. A providência divina não se ocupa apenas do progresso espiritual da criação, o qual não aconteceria se não houvesse o progresso material, promovendo a evolução da inteligência nos inumeráveis mundos consistentes no universo.

Nesse universo de oportunidades outorgadas pelas leis divinas, é que o ser humano evolui. Primeiro, ansioso por ganhar o mundo; depois, saturado de usufruir dos valores efêmeros, busca conquistar os valores da alma.

"O mais importante na educação é saber exemplificar o que ensinamos."

Nelson Moraes

MAGNETISMO

A FORÇA DO HOMEM INTEGRAL

O MAGNETISMO NO REINO ANIMAL

A ligação magnética entre os seres ocorre até mesmo nos reinos inferiores da natureza.Na Rússia, no tempo em que estava sob o regime comunista e a guerra fria era intensa, muitos cientistas realizaram experiências arrojadas, tentando descobrir meios de se aplicar na guerra os poderes ocultos do ser humano. O magnetismo e a força

"O mais importante do conhecimento; é o conhecimento de si mesmo."

do pensamento foram intensamente pesquisados. Uma dessas experiências, feitas com animais, revelou algo surpreendente:

Colocaram em um navio uma coelha que havia gerado oito filhotes e instalaram nela instrumentos apropriados para registrar seus batimentos cardíacos. Seus filhotes foram levados para o fundo do mar em um submarino. Comunicando-se por meio do rádio, iniciaram a experiência. Foi ordenado pelos cientistas, que se encontravam no navio observando a coelha, que executassem um dos filhotes.

No momento em que o animalzinho foi executado no submarino, a coelha demonstrou uma certa inquietação e seu coração disparou. Poderia ter ocorrido uma coincidência, então mandaram executar outro filhote. A reação da coelha foi idêntica à reação anterior e, para surpresa dos cientistas, a coelha registrou a morte dos oito filhotes executados no submarino.

Diferente do ser humano, cujo magnetismo é temperado pelos sentimentos, no reino animal o magnetismo é resultante do instinto e varia segundo as espécies. Nos mamíferos, a imantação que exerce entre os indivíduos,

"A leitura não deve ser busca de novidades e emoções, mas sim a busca de conhecimentos como alimento espiritual para a vida."

como foi observada na experiência realizada com a coelha e seus filhotes, chega a ser confundida com os sentimentos humanos.

Um cientista, observando durante alguns meses o comportamento de um bando de leões no seu habitat natural, registrou um acontecimento que retrata bem essa imantação entre os animais.

No bando em observação, havia uma leoa que assumira um comportamento estranho à sua espécie. Certo dia, quando todas as leoas do bando foram empreender a caçada costumeira, ela foi até a toca de uma delas e matou e comeu seus dois filhotes, que ali se encontravam.

Quando as leoas retornaram da caça e registraram o desaparecimento dos filhotes, uma certa inquietação se abateu sobre o bando.

No dia seguinte, as leoas partiram para uma nova empreitada de caça. Quando o bando estava preparado para atacar uma manada de búfalos, a leoa mais velha parou e, como que presentindo alguma coisa, voltou rapidamente para a sua toca. Ali, surpreendeu a leoa assassina tentando abater seus filhotes. Tomada de uma grande fúria, atacou-a e a expulsou do bando.

"O mais importante no ato de caridade é o que sentimos ao praticá-la."

O magnetismo de medo, emanado pelos filhotes quando estavam ameaçados pela leoa assassina, foi registrado pela mãe que imediatamente veio socorrê-los.

Essas sensações promovidas pelo magnetismo que liga os seres entre si, têm sido registradas com mais frequência entre os animais do que nos seres humanos. Isso, porque o animal não raciocina. Movimenta-se, age e reage sob os impulsos do instinto, ao passo que, nos seres humanos, as sensações se submetem à análise do raciocínio o qual nem sempre consegue identificar as causas de tais sensações.

Vamos dar um exemplo: quando uma pessoa vem nos visitar. Desde o momento em que decidiu visitar-nos, ela pensou em nós. Nesse instante; seu magnetismo foi emanado em nossa direção, mas nem sempre o registramos. Caso contrário, saberíamos intuitivamente que aquela pessoa a qualquer momento chegaria em nossa casa.

Entretanto, nos animais, esse processo parece ser infalível.

Um cão doméstico, antes mesmo do seu dono chegar próximo ao portão de casa registra a presença do seu magnetismo e logo começa a latir e a abanar a cauda, denunciando a sua chegada.

"O mais importante em qualquer ação é saber o que estamos fazendo."

O magnetismo que liga o cãozinho ao seu dono, é o mesmo que liga a mãe aos seus filhotes e vice-versa. Está implícito no instinto, consolidando a preservação das espécies.

Essa ligação é tão forte que a confundimos com o amor.

Assistindo ao canal Discovery, acompanhei uma pesquisa realizada por uma cientista americana, cujo nome não lembro, a qual acompanhou um grupo de chimpanzés durante alguns anos, registrando o comportamento coletivo e individual dos seus componentes.

O que mais me impressionou foi o caso de uma mãe chimpanzé e do seu filhote, que revelou desde tenra idade um "amor" obsessivo por ela. Esse sentimento o dominou a tal ponto que, no momento em que sua mãe ficou novamente prenha e iniciou o processo natural do distanciamento, enxotando-o do seu convívio e da sua dependência, demonstrou uma reação diferente dos outros chimpanzés da sua idade, recusando distanciar-se de sua mãe.

Para a chimpanzé mãe, esse comportamento tornou-se um grande problema, pois, assediada diuturnamente pelo filhote, acabou tendo dificuldades no desenvolvimento da gravidez, deixando de alimentar-se o bastante

"Nas obrigações do salário, alimentas o estômago. Na devoção ao trabalho, alimentas o Espírito."

para suprir suas necessidades que agora eram maiores em função do seu estado. Consequentemente, isso acabou comprometendo a sua saúde. Mas, mesmo assim conseguiu parir o novo filhote.

O assédio do filhote obcecado por ela demonstrava a manifestação de um aparente ciúmes, dificultando o trato do recém-nascido, o que acabou por provocar-lhe a morte prematura.

A chimpanzé, abalada na sua saúde, não resistiu e morreu às margens de um riacho. Seu filhote apaixonado deitou-se ao seu lado e, com a cabeça apoiada em sua barriga, passou a acariciá-la entrando em profunda depressão e ali mesmo morreu, demonstrando que não conseguiria viver sem ela.

Neste caso, podemos considerar que o jovem chimpanzé viveu um intenso amor pela sua mãe?

Não seria uma excessiva dependência?

Talvez um descontrole do instinto? Mas o instinto não erra. Então, como julgar ou analisar tal comportamento?

Dispondo apenas das leis naturais, muito bem delineadas pela ciência quando trata da evolução biológica, fica difícil aquilatarmos o psiquismo das espécies animais. Porém,

"O mais importante na convivência humana é saber amar, perdoar e servir sempre."

quando estamos informados sobre as leis da evolução do princípio inteligente, reveladas pelos Espíritos, na Codificação Espírita, isso nos permite uma avaliação um tanto mais judiciosa sobre o assunto.

Graças a esse conhecimento, passamos a compreender que todos os seres tiveram a mesma origem espiritual, ou seja, foram emanados do Criador na condição de Princípios Inteligentes imateriais que, imantados ao processo irreversível da evolução, se ligam às espécies condizentes com suas condições evolutivas, passando a estagiar em todos os reinos da natureza, até culminar no ser humano.

Isso posto, é evidente que mesmo nos reinos inferiores, observamos que existe uma hierarquia entre as espécies, onde reconhecemos facilmente os primatas como superiores às outras. Entretanto, determinar uma escala ou reconhecer o encadeamento entre elas, seria muito difícil, pois vemos em algumas aves certos laivos de inteligência registrados hoje pela ciência, como é o caso das araras e dos papagaios. Mas, mesmo assim, temos que considerar que os primatas, pela sua constituição orgânica, estão mais próximos fisicamente dos seres humanos do que qualquer outra espécie.

"O mais importante no querer
é saber o que podemos alcançar."

Sendo a espécie superior entre os seres inferiores, é evidente que o psiquismo demonstrado pelo jovem chimpanzé revela um ensaio das emoções humanas que no futuro irá desenvolver, ao migrar para a espécie humana primitiva de algum planeta.

Afirmar que o filhote de chimpanzé, extremamente apaixonado pela mãe, viveu o amor da forma como nós humanos entendemos, seria uma afirmação sem respaldo científico. Mas, analisando o fato com vistas aos conceitos espíritas, podemos ter uma compreensão maior dos sentimentos que envolveram nosso chimpanzé "amoroso".

Vejamos o que dizem os Espíritos que orientaram Kardec na questão 890 em *O Livro dos Espíritos*, no capítulo "Amor materno e filial":

"Será uma virtude o amor materno, ou um sentimento instintivo, comum aos homens e aos animais?

Resposta: "Uma e outra coisa. A Natureza deu à mãe o amor a seus filhos no interesse da conservação deles. No animal, porém, esse amor se limita às necessidades materiais; cessa quando desnecessário se tornam os cuidados. No homem, persiste pela vida inteira e comporta um devotamento e uma abnegação que são virtudes. Sobrevive mesmo

"O mais importante nos sentimentos é saber que são eles que equilibram ou desequilibram a nossa vida."

à morte e acompanha o filho até no além-túmulo. Bem vedes que há nele coisa diversa do que há no amor do animal."

Segundo esta orientação, existe um amor instintivo nos animais, limitado às necessidades materiais, mas o amor que observamos no filhote de chimpanzé ultrapassou esses limites. Ele não cobrava da mãe o trato, mas sim o afeto, pois não mais dependia dela para se alimentar. Alimentava-se sozinho como qualquer outro chimpanzé da sua idade. Sua dependência não estava restrita ao alimento, mas sim a uma dependência psíquica, a qual era suprida pelo magnetismo materno que o envolvia num clima de segurança e bem-estar.

Quem sabe o princípio inteligente do chimpanzé apaixonado começou a esboçar qualidades que lhe permitirão entrar no mundo dos elementais, candidatando-se mais tarde às experiências humanas em um mundo adequado às encarnações primárias do Espírito humano.

Existem comportamentos no reino animal que desafiam a nossa capacidade para entendê-los. Alguns parecem até paranormais. Eu possuía um sítio pouco distante de São Paulo, onde criava algumas vacas leiteiras, as quais assumiram um comportamento digno de ser aqui registrado.

"Mais importante do que acumular conhecimento é saber reparti-lo com a ignorância."

Todas as sextas-feiras eu me dirigia para lá e levava alguns sacos de pão amanhecido que elas adoravam comer. Toda vez que eu chegava, elas estavam todas na porteira, como que esperando a minha chegada. Segundo o caseiro, durante os outros dias da semana, elas não chegavam nem perto da porteira. Viviam no pasto, mas na sexta-feira, meia hora antes da minha chegada, todas se dirigiam para a porteira.

Como sabiam quando que era sexta-feira?

Durante algum tempo, esse fato me intrigou. Mas, conversando com o caseiro, ele me revelou algo surpreendente. Disse-me que elas também sabiam quando eu iria faltar com a minha visita, pois nas sextas-feiras que eu não comparecia, elas não se aproximavam da porteira.

Com a compreensão da ação magnética que exercemos, irradiando nosso psiquismo a distâncias incomensuráveis, é óbvio que, toda sexta-feira, quando me punha na estrada para ir até o sítio, automaticamente enviava ondas eletromagnéticas do meu pensamento naquela direção, cujo magnetismo os animais registravam e sabiam que eu estava a caminho.

Por isso, sabiam com certeza quando eu me faria presente ou não.

"Quem grita muito, dificilmente tem razão."

Existem várias espécies de peixes cuja relação entre si é inteiramente magnética. Procriam sem copular e experimentam o prazer além do contato físico. O salmão, impulsionado e imantado pelo instinto, retorna à cabeceira do rio para procriar.

Assistindo esse acontecimento em um documentário na TV, registrei um fato que me chamou a atenção: depois de atravessar inúmeras barreiras e sofrer uma incrível metamorfose física, os salmões chegam ao final da jornada. Os casais se aproximam imantados pela natureza e no mesmo instante a fêmea desova e o macho expele e envolve as ovas com o seu sêmen. Nessa hora, os dois parecem sentir um prazer imenso. Percebi que houve uma espécie de gozo. O mais interessante é que, no auge de um aparente êxtase, ambos transferem todo o fluido vital para a nova geração, o que lhes causa a morte logo em seguida.

Todas essas observações nos induz a compreender que estamos mergulhados em um verdadeiro oceano magnético, de onde cada ser manipula sua porção segundo o instinto da sua espécie e, nos seres pensantes, segundo seus sentimentos e caráter.

É óbvio que não podemos atribuir todos os fatos e acontecimentos à ação exclusiva do magnetismo, mas também

"Quem passa a vida se lamentando terá sempre motivo para isso."

não podemos negar a sua presença em tudo e em todos, uma vez que somos seres dotados de uma constituição orgânica cuja vida depende do fluido elétrico ou fluido vital.

Até mesmo o fenômeno da reprodução das espécies, em todos os ramos da natureza, depende do magnetismo. Neste caso, do magnetismo lunar, sem o qual não haveria a proliferação da vida na Terra.

"Na vida, realizamos hoje para receber amanhã; jamais ocorrerá o inverso."

Nelson Moraes

MAGNETISMO

A FORÇA DO HOMEM INTEGRAL

O MAGNETISMO DE CURA

Segundo Franz Anton Mesmer (1733-1815), médico austríaco, todo ser vivo seria dotado de um fluido magnético capaz de se transmitir a outros indivíduos, estabelecendo-se, assim, influências psicossomáticas recíprocas, inclusive com fins terapêuticos. Como utilizar essa força? Como podemos desenvolvê-la e aprimorá-la?

"Deus não castiga, reeduca."

A capacidade de curar por meio do magnetismo, com a imposição das mãos, pode ser desenvolvida pela fé em si mesmo e uma vontade vigorosa desejando a cura do enfermo.

É evidente que dificilmente o interessado em desenvolvê-la será bem sucedido nas primeiras tentativas, mas no exercício contínuo acabará logrando um grande êxito ou um êxito relativo. Qualquer um pode exercitar essa prática, mas devo ressaltar que o sucesso quase sempre consagra as pessoas que nutrem bons sentimentos.

Vamos tomar como exemplo as benzedeiras, as quais herdaram de algum familiar uma oração "especial" para combater o quebranto, a erisipela, o mal de lombrigas, bucho virado, mal de aguado e outros.

Observamos nessa prática uma grande eficácia, estabelecendo a cura desses males logo após o atendimento.

Quem de nós, principalmente os mais antigos, não viu uma criança quebrantada ou sofrendo ataque de lombrigas. Pois é, não fora as benzedeiras o que seria dessas crianças? Os médicos nada podiam e ainda nada podem contra esses males que atingem principalmente as crianças e os recém-nascidos.

Onde está a força das benzedeiras? Nas orações que aprenderam?

"Seja como o Sol, tolere as nuvens escuras; elas passarão e você voltará a brilhar."

É evidente que não. Não existem orações mágicas. Embora a fé que a pessoa possui na oração contribua para o que pretende, não é dela que emana os recursos da cura, mas sim do seu magnetismo, liberado no momento em que ora preocupada em socorrer aqueles que a procuram.

O magnetismo de cura não depende de gestos ou de orações, mas da vontade e dos bons sentimentos. Não podemos pegá-lo com as mãos para jogá-lo sobre alguém. Ele emana de nós, através de um olhar, de um pensamento que pode atravessar distâncias incomensuráveis, promovendo o bem estar e até a cura da pessoa para quem o pensamento foi direcionado. Não existe nenhuma técnica para se desenvolver essa capacidade e muito menos movimentos especiais para aplicá-la. Basta desejar a cura do enfermo para que o magnetismo comece a emanar na sua direção.

Como disse o Espírito a Kardec: "o magnetismo depende do caráter de quem o emana."

Existe magnetismo de ódio, de mágoa, de inveja, de cobiça, de egoísmo e de amor. Enfim, o magnetismo tem as características dos sentimentos de quem o irradia.

"Não exagere nas manifestações de alegria a ponto de comprometer a alegria dos outros."

Na Rússia, foram feitas muitas experiências em torno dessa força invisível e dos seus efeitos no meio e nas pessoas, inclusive nos animais e nas plantas.

Uma delas foi realizada para apurar a influência das pessoas sobre as plantas.

Essa experiência se constituiu da seguinte forma: colocaram sobre uma mesa, no centro de uma redoma de vidro, uma planta na qual conectaram alguns instrumentos sensíveis à qualquer alteração na movimentação da seiva e na estrutura do vegetal.

No dia seguinte, os instrumentos não haviam registrado nenhuma alteração extraordinária, a não ser as oscilações normais. O cientista que comandava a experiência mandou colocar catorze cadeiras em torno da mesa onde estava a planta. Depois, mandou que entrassem alguns funcionários do laboratório para ocupar as cadeiras. Fechou a porta e ali ficaram durante duas horas. Nenhuma alteração foi registrada pelos instrumentos. Então, mandou esvaziar a redoma e chamou um cientista que há mais de vinte anos incinerava plantas para estudá-las. No momento em que esse cientista entrou na redoma, os instrumentos registraram uma alteração no fluxo da seiva, como se a planta tivesse sido acometida de uma síncope.

"Deus não constrói robôs; cria inteligências."

O que ocorreu naquele momento? Por que a planta se ressentiu daquela presença?

Aquela presença para ela significava risco de morte. O magnetismo daquele cientista que passou quase uma vida incinerando plantas, abalou a sua estrutura.

Com essa experiência, podemos entender que também o que praticamos reflete no teor do nosso magnetismo.

A capacidade de curar pode ser alcançada com muita vontade, determinação e a disposição para aprimorar os sentimentos. Para isso, precisamos desenvolver nossas capacidades que estão latentes, aguardando a nossa boa vontade.

Jesus disse: "Pois em verdade vos digo, se tivésseis a fé do tamanho de um grão de mostarda, diríeis a esta montanha: Transporta-te daí para ali e ela se transportaria, e nada vos seria impossível." (S. Mateus, cap. XVII, vv. 14 a 20.)

Veja que Jesus se refere à fé na nossa capacidade, Ele não diz para pedirmos a Deus para mover a montanha, mas sim ordenar para que seja feito segundo a nossa vontade. Infelizmente, a nossa cultura religiosa só nos ensinou a pedir e a pedir, como se nossa evolução dependesse dos favores divinos.

"Quem ouve a voz da própria consciência, fica surdo às tentações."

Coloque a tua vontade e a tua fé em ação! Não espere as coisas acontecerem. Faça com que elas aconteçam!

"Não cuideis de pedir muito nas vossas preces, como fazem os pagãos, os quais imaginam que pela multiplicidade das palavras é que serão atendidos. Não vos torneis semelhantes a eles, porque vosso Pai sabe do que é que tendes necessidade, antes que lho peçais". (Mateus, cap. VI, vv., 5 a 8.)

Em *O Livro dos Espíritos*, na resposta à pergunta 424, os Espíritos revelam a forma com que o magnetismo promove a cura:

"Por meio de cuidados dispensados a tempo, podem reatar-se laços prestes a se desfazerem e restituir-se à vida um ser que definitivamente morreria se não fosse socorrido?"

"Sem dúvida e todos os dias tendes a prova disso. O magnetismo, em tais casos, constitui, muitas vezes, poderoso meio de ação, porque restitui ao corpo o fluido vital que lhe falta para manter o funcionamento dos órgãos".

Existe uma diferença muito grande entre um magnetizador e um médium de cura. Segundo Kardec, o magnetizador dá o seu próprio fluido, por vezes até a sua saúde, porém, o médium curador é um intermediário que transmite o fluido salutar dos bons Espíritos. A capacidade

"Coma de tudo, mas não coma tudo."

de transmitir o fluido dos Espíritos é um empréstimo, não depende da moral ou da evolução do encarnado. É uma condição orgânica. Entretanto, a capacidade de curar pelo magnetismo depende da fé, da moral e dos sentimentos.

Uma diferença pouco percebida pela maioria dos estudiosos do espiritismo, os quais tendem a generalizar, atribuindo aos Espíritos e à mediunidade todos os feitos que transcendem, ignorando as capacidades humanas de que somos revestidos e que podem se desenvolver por meio da conquista das virtudes.

Esse equivoco é notório quando muitos afirmam que Eurípedes Barsanulfo foi um grande médium. Essa afirmação revela falta de conhecimento, pois Eurípedes foi, e continua sendo, um Iluminado.

A intimidade que desfrutava com o mundo espiritual era fruto das suas virtudes e das suas qualidades e não fruto de uma mediunidade. Seu padrão vibratório, tão elevado, dava-lhe a condição de apresentar-se em dois lugares simultaneamente. Não viveu submetido ao corpo como a maioria de nós; sua condição era de um semiliberto dos embaraços físicos. Nada escapava ao seu olhar; enxergava o ponderável e o imponderável.

"O mais importante na alimentação é saber decidir o que e o quanto comer."

Seu magnetismo era exuberante e benéfico. Impregnava tudo à sua volta, promovendo o bem-estar espiritual e físico de todos que dele se aproximavam.

Um dos mais legítimos exemplos do homem espiritualizado. O único Espírito reencarnado de que se tem notícia de ter se avistado com Jesus em um emocionante desdobramento.

Muitos poderão questionar, perguntando: como se elevar espiritualmente em um mundo como o nosso, onde o egoísmo predomina, gerando injustiças sociais de toda sorte, impondo ao ser humano tantos constrangimentos?

Sem dúvida. Estamos em um mundo que desafia a nossa capacidade de compreender e aceitar. Porém, é no celeiro das dificuldades e das adversidades que se desenvolve o material didático importante para o crescimento espiritual daqueles que realmente buscam os caminhos da regeneração.

Quem de nós ainda não experimentou a indignação diante de um fato ou de uma atitude praticada às margens do bom senso, da honestidade e da lealdade?

A cada dia, assistimos os interesses egoístas sendo colocados acima dos ideais mais nobres, os quais deveriam ser cultivados com dedicação, amor e sinceridade. Infelizmente,

> *"Os que ousaram sonhar além dos conceitos contemporâneos foram os loucos sublimes que enriqueceram o mundo."*

são comportamentos inerentes a um mundo como o nosso, de expiação e de prova.

Quando ocorrem esses desvios na tulha da ignorância, são passíveis de tolerância e compreensão, mas quando se apresentam nos celeiros da cultura, da fé, da política e nas instituições constituídas para gerar o bem em favor da humanidade de modo geral, torna-se difícil evitar a indignação. Porém, não podemos deixar esse sentimento dominar nossas emoções a ponto de desacreditarmos dos valores que devem nortear a ética e a moral com que devemos pavimentar nosso caminho evolutivo rumo às conquistas do Espírito. Infelizmente, ainda por algum tempo, o trigo para alcançar o pão da vida terá que florescer sob as garras do joio.

Mas, o Ceifeiro está atento. A sabedoria e a misericórdia do Lavrador Divino entende que o joio ainda deverá permanecer na Seara. Arrancá-lo agora comprometeria o desenvolvimento do trigo, o qual, aos poucos deverá se desembaraçar de suas sufocantes raízes.

Nada mais oportuno nestes momentos graves da humanidade do que buscar o adubo para as nossas esperanças, na compreensão da fé e nas atitudes nobres, mesmo quando incompreendidos. Só a confiança no Lavrador Divino poderá

"Mais importante do que dar alguma coisa é saber se doar em favor de alguém."

assegurar-nos a vitória sobre as tentações que se avolumam neste mundo de ilusões. Saibamos crescer como plantas nobres em meio à lavoura das experiências que nos enriquecem a vida. Temos que dilatar os dons do Espírito para receber os desafios, como se fora o sol e a água que vivificam, ajudando-nos a alcançar o amadurecimento.

Antes de clamarmos em desespero pela justiça dos homens para abafar a nossa indignação, saibamos amar, perdoar e servir, confiando nas leis naturais e divinas, que darão infalivelmente à cada um segundo suas obras. Antes, clamemos por misericórdia para as almas em desalinho, pois, no dia da grande colheita, quando o trigo tiver sido separado, serão tratadas como joio e, como tal, serão banidas para canteiros obscuros e distantes da Seara terrestre.

Dia virá em que muitos de nós, que não conseguimos amansar nossos corações, teremos que partir e reencarnar em mundos onde o progresso tecnológico ainda está distante de promover o conforto que ora desfrutamos.

Podemos sentir no ar que esse momento se aproxima rapidamente. As religiões, depois de cometerem tantos enganos na tentativa de manipular as consciências, ameaçando-as com seus dogmas absurdos, buscam desesperadamente

> "*Ante a multidão afoita que corre para abraçar as novidades, freia tua euforia e não se deixe iludir; nem sempre a verdade está com a maioria.*"

introduzir novidades atrativas para os seus fiéis, a fim de mantê-los presos aos seus conceitos.

Com o intuito de distraí-los do sofrimento, promovem uma fuga conveniente da verdade. Estão agradando ao mundo, não a Deus! Exatamente como afirmou o apóstolo Paulo.

Àqueles que se afirmam espíritas, uma coisa é certa, pelo conhecimento que adquiriram e pela importância do instante que vivemos, não lhes será lícito ficar teorizando e gastarem a cota de tempo que o Senhor lhes confiou, desperdiçando-a para agradar o mundo, sob o risco de se tornarem os mordomos infiéis da riqueza que o espiritismo representa para o Espírito humano.

É hora de demolirmos os castelos da vaidade, construídos em nome da fé.

A educação espiritual do ser humano, segundo o Evangelho aplicada à luz do Consolador, será sempre o grande objetivo a ser alcançado pelo movimento espírita.

A educação espiritual é a cura definitiva do Espírito. É a profilaxia de todos os males. Desenvolva a capacidade de curar. Você pode. Mas, lembre-se de educar, oferecendo boas palavras e exemplos dignificantes àqueles que o procuram e

"Quem bater nas portas das facilidades entrará fatalmente no mundo das ilusões."

àqueles com quem convive.

Os dons do Espírito e as virtudes não se desenvolvem por si só. É preciso conquistá-las ao preço da humildade, da resignação, da paciência e de muita compreensão, até conseguirmos desenvolver o amor. A perseverança deve ser a parceira inseparável que nos fará lograr o sucesso nessa santificante empreitada.

Léon Denis, orienta:

"O poder de curar pelo olhar, pelo tato, pela imposição das mãos, é também uma das formas por que a ação espiritual se faz sentir no mundo. Deus, fonte de vida, é o princípio da saúde física, do mesmo modo o é da perfeição moral e da suprema beleza. Certos homens, por meio da prece e do esforço magnético, atraem esse influxo, essa irradiação da força divina que expele os fluidos impuros, causa de tantos sofrimentos. O espírito de caridade e dedicação, levada até ao sacrifício, o esquecimento de si mesmo, são as condições necessárias para adquirir e conservar esse poder; um dos mais admiráveis que Deus concede ao homem."

O momento que vivemos nos pede um esforço maior na realização dessa inadiável empreitada. Isso porque vivemos neste momento as mais ricas oportunidades para

> *"Deus responde às súplicas humanas dando a cada um segundo suas obras."*

trabalharmos nossas potencialidades. Nunca tivemos um instante como este, onde a cada passo somos desafiados a exercitarmos a paciência, a compreensão e o perdão; onde no próprio lar surgem os desafios de uma convivência difícil nos impondo duras lições de casa. Isso demonstra que a nossa grande professora, que é a vida, está cada vez mais exigente, pois o tempo urge nesta imensa escola que nos cobra a justa adequação dos nossos costumes e de nossas atitudes ao novo modelo pedagógico que se estabelecerá em breve.

Não espere que as circunstâncias se alterem segundo você imagina que sejam favoráveis para começar. Comece agora mesmo. Ninguém poderá construir a felicidade contando com o que está por vir, pois nem sempre virá. Construa a sua felicidade com o que você dispõe agora; o momento é já.

O amanhã será sempre a consequência do hoje. Decida o que quer realizar na vida e comece a plasmar com o vigor do teu pensamento aquilo que deseja, mas sem esquecer de construir as circunstâncias que favoreçam a materialização do que idealizou.

"O mais importante no perdão é saber despojar as mágoas do coração."

Nelson Moraes

MAGNETISMO

A FORÇA DO HOMEM INTEGRAL

PERGUNTANDO AO BOM SENSO

Neste capítulo, que se compõe de perguntas e respostas, as respostas do Bom Senso foram extraídas das obras básicas do espiritismo e de outras com a mesma credibilidade. E estão entre aspas e são citadas no final deste livro.

São minhas as observações sobre as abordagens dos diversos autores e os pensamentos inseridos no rodapé.

"Pedi a Deus o consolo... Ele me cercou de desalentados para eu consolar."

1

Pergunta: Qual a atuação do magnetismo sobre a matéria para consolidar a cura? E do que depende o sucesso dessa ação?

Bom senso: "A vontade é atributo essencial do Espírito, isto é, do ser pensante. Com o auxílio dessa alavanca, ele atua sobre a matéria elementar e, por uma ação consecutiva, age sobre seus compostos, cujas propriedades íntimas são transformadas.

Tanto quanto do Espírito errante, a vontade é igualmente atributo do Espírito encarnado; daí o poder do magnetizador, poder que se sabe estar na razão direta da força de vontade. Podendo o Espírito encarnado atuar sobre a matéria elementar, pode do mesmo modo mudar-lhe as propriedades, dentro de certos limites. Assim se explica a faculdade de cura pelo contato e pela imposição das mãos, faculdade que algumas pessoas possuem em grau mais ou menos elevado."

Impor as mãos! O único gesto necessário para se exteriorizar o magnetismo sobre o enfermo, desde que se tenha a força de vontade para curá-lo. Pode ser aplicado somente pelo encarnado ou em conjunto com os Espíritos desencarnados

> *"Pedi a Deus para estancar o meu choro... Ele me enviou rostos banhados de lágrimas para eu enxugar."*

que se interessam em ajudar nos trabalhos de cura. Não é necessário nenhum rito ou lugares especiais, entretanto, se atuarmos sempre no mesmo ambiente, este ficará impregnado do psiquismo do magnetizador e dos Espíritos que porventura o assistem.

2

Pergunta: A Cura depende da ação conjunta dos Espíritos e do encarnado?

Bom Senso: "O magnetizador dá o seu próprio fluido, por vezes até a sua saúde. Entretanto, os Espíritos que com ele simpatizam, podem ajudá-lo, somando ao seu magnetismo o próprio fluido, aumentando o efeito da sua ação sobre o doente."

3

Pergunta: O magnetismo pode ajudar a libertar um obsediado por Espíritos desencarnados?

Bom Senso: "A obsessão tira muitas vezes ao obsidiado a energia necessária para dominar o mau Espírito. Daí

"Pedi a Deus a paz que necessitava... Ele me enviou os corações atormentados para pacificá-los."

o tornar-se precisa a intervenção de um terceiro, que atue, ou pelo magnetismo, ou pelo império da sua vontade.

Às vezes, o que falta ao obsidiado é a força fluídica suficiente; nesse caso, a ação magnética de um bom magnetizador lhe pode ser de grande proveito."

4

Pergunta: A fé em si mesmo é fator primordial para se desenvolver o magnetismo de cura?

Bom Senso: "O Magnetismo é uma das maiores provas do poder da fé posta em ação. É pela fé que ele cura e produz esses fenômenos singulares, qualificados outrora de milagres.

A fé é humana e divina. Se todos os encarnados se achassem bem persuadidos da força que trazem em si mesmos, e se quisessem pôr a vontade a serviço dessa força, seriam capazes de realizar verdadeiros prodígios através do desenvolvimento das faculdades que estão em estado latente e que são naturais ao ser humano."

"Pedi a Deus a sabedoria...
Ele me cercou de orgulhosos para
eu desenvolver a humildade."

5

Pergunta: Para a aplicação do magnetismo é preciso que se desenvolva alguma técnica que oriente os movimentos das mãos? É necessário que se conheça os centros de força ou se faça um estudo de biologia para direcionar o magnetismo sobre as partes enfermas do corpo?

Bom Senso: "Em 12 de maio de 1867, Kardec recebe uma carta do sr. Dombre de Marmande, cujo conteúdo elucida esta questão.

'Caro senhor Kardec, já há algum tempo que não conversamos sobre o resultado de nossos trabalhos Espíritas que prosseguimos com perseverança e, estou feliz em dizê-lo, com sucessos satisfatórios. Os obsidiados e os doentes são sempre o objeto de nossos cuidados exclusivos. A moralização e os fluidos são os principais meios indicados por nossos guias.

Nossos bons Espíritos, que se devotaram à propagação do espiritismo tomaram também a tarefa de vulgarizar o magnetismo. Em quase todas as consultas, para os diversos casos de doenças, eles pedem o concurso dos parentes: um pai, uma

> "*Pedi a Deus o discernimento e a fortaleza da fé... Ele cercou-me de hipócritas e de omissos para eu desenvolver a razão e a coragem da fé.*"

mãe, um irmão ou uma irmã, um vizinho, um amigo, estes são requeridos para fazer passes. Essas bravas pessoas ficam surpresas em deter as crises, acalmar as dores. Este meio é, isto me parece, engenhoso e seguro para fazer adeptos, também a confiança se estende cada dia mais em nossa região. Os grupos que se ocupam de curas talvez fariam bem em dar os mesmos conselhos; os felizes resultados obtidos provariam de modo evidente a verdade do magnetismo, e dariam a certeza de que a faculdade de curar ou de aliviar seu semelhante não é o privilégio exclusivo de algumas pessoas; que não é preciso, para isto, senão uma boa vontade e confiança em Deus; e reconhecendo que se tem em si mesmo esse poder.'"(o grifo é nosso)

Eis alguns exemplos de curas obtidas.

Uma menina de 6 a 7 anos estava acamada, tendo uma dor de cabeça contínua, febre, uma tosse frequente com escarro, uma dor viva do lado esquerdo; dor também nos olhos que se recobriam, de tempo em tempo, de uma substância leitosa, formando uma espécie de fronha. Sob os cabelos, a pele do crânio estava recoberta de películas brancas; a urina espessa e turva. A criança fraca e abatida não comia nem dormia. O médico tinha acabado por suspender suas visitas. A mãe, pobre, em presença de sua filha doente e abandonada,

"Pedi a Deus o dom para curar... Ele me pôs a evangelizar, para eliminar as causas das enfermidades."

veio me procurar. Nossos guias consultados prescreveram a imposição das mãos, os passes fluídicos da parte da mãe, recomendando-me ir, durante alguns dias, fazê-la ver como se procede. Depois de três dias de passes e de imposição de mãos sobre a cabeça, os rins e sobre o peito, a criança pediu para se levantar; a febre estava detida, e todos os acidentes descritos mais acima desapareceram ao cabo de dez dias.

Esta cura, que a mãe qualificava de miraculosa, me fez a chamar, dois dias mais tarde, junto de uma outra menina de 3 ou 4 anos que tinha febre. Depois dos passes e imposição das mãos, a febre cessou, desde o primeiro dia.

Como pudemos observar nestes relatos, a mulher em alguns dias de prática, descobriu em si, as aptidões para servir no trabalho de passes magnéticos. Não foi preciso aprender medicina, não precisou ser informada de técnicas ou gestos especiais, simplesmente foi convidada a exercer o que lhe era natural, assim como é natural a todos, bastou que impusesse as mãos, cheia de vontade, sobre o enfermo.

"Pedi a Deus que me libertasse da aflição... Ele me pôs a ouvir os corações aflitos."

6

Pergunta: A prece pode ajudar na atuação do magnetismo de cura?

Bom Senso: "Um outro gênero de magnetismo, muito mais poderoso ainda, é a prece que uma alma pura e desinteressada dirige a Deus."

Aqui está uma informação importante para aqueles que atuam com uma sincera vontade na prática dos passes magnéticos e querem realmente se doar no trabalho de cura.

7

Pergunta: A cura pelo magnetismo pode ser considerada uma cura espiritual? Pode ser alcançada sem restrições?

Bom Senso: "Em 17 de maio de 1867, na Sociedade de Paris, por meio do médium Sr. Desliens, o Espírito E. Quinemant dá um profundo esclarecimento sobre essa questão:

> *"Reclamei a Deus de que estava cansado... Ele multiplicou minhas tarefas, obrigando-me a servir ainda mais."*

'Quando vivo, ocupei-me da prática do magnetismo do ponto de vista exclusivamente material; pelo menos, assim eu o acreditava; sei hoje que a elevação voluntária ou involuntária da alma que faz desejar a cura do doente, é uma verdadeira magnetização espiritual.

A cura prende-se a causas excessivamente variáveis: Tal doença, tratada de tal maneira, cede diante da força de ação material; tal outra, que é idêntica, mas menos acentuada, não sofre nenhuma espécie de melhora, se bem que os meios curativos empregados sejam talvez mais poderosos ainda.

A que se prendem, essas variações de influências? A uma causa ignorada da maioria dos magnetizadores que não atacam senão os princípios mórbidos materiais; elas são a consequência da situação moral do indivíduo. A doença material é um efeito; para destruir este efeito, não basta atacá-lo, tomá-lo corpo a corpo e aniquilá-lo; a causa existindo sempre, reproduzirá de novo efeitos mórbidos enquanto a ação curativa estiver longe.

O fluido transmissor da saúde no magnetizador é um intermediário entre a matéria e a parte espiritual do ser, e que se poderia comparar ao perispírito. Ele une dois corpos um ao outro; é um ponto sobre o qual passam os elementos

"Pedi a Deus o apoio de que precisava... Ele me cercou daqueles que reclamavam o meu apoio."

que devem levar a cura nos órgãos doentes. Sendo um intermediário entre o Espírito e a matéria, em consequência de sua constituição molecular, esse fluido pode transmitir tão bem uma influência espiritual quanto uma influência puramente animal.'"

8

Pergunta: Qual a relação entre o magnetismo e a mediunidade?

Bom Senso: "Em definitivo, o que é o espiritismo, ou antes, o que é a mediunidade, esta faculdade incompreendida até aqui, e cuja extensão considerável estabeleceu sobre bases incontestáveis os princípios fundamentais da nova revelação?"

É puramente e simplesmente uma variedade da ação magnética exercida por um ou por vários magnetizadores desencarnados, sobre um sujeito humano agindo no estado de vigília ou no estado extático, conscientemente ou inconscientemente.

"Pedi a Deus um pouco de privacidade... Ele me tornou público, restringindo a minha liberdade."

9

Pergunta: Nas variedades do magnetismo, como identificar o magnetismo espiritual?

Bom Senso: "Como procedeis com relação aos Espíritos obsessores, ou simplesmente inferiores, que desejais moralizar? Agis sobre eles por atração fluídica; vós os magnetizais, inconscientemente o mais frequentemente, para retê-los em vosso círculo de ação; conscientemente algumas vezes, quando estabeleceis ao redor deles uma toalha fluídica que não podem penetrar sem a vossa permissão, e agis sobre eles pela força moral que não é outra do que uma ação magnética quintessenciada. A vontade desenvolve o fluido, seja animal, seja espiritual, porque, o sabeis todos agora, há vários gêneros de magnetismo, entre os quais estão o magnetismo animal e o magnetismo espiritual que pode, segundo a ocorrência, pedir apoio ao primeiro."

"Então eu questionei: 'Quando o Senhor me dará o que eu tenho pedido?'."

10

Pergunta: Qual a relação entre o espiritismo e o magnetismo?

Bom Senso: "O magnetismo e o espiritismo se dão a mão; são duas partes de um mesmo todo, dois ramos de uma mesma ciência que se completam e se explicam um pelo outro. Acreditar no magnetismo é abrir o caminho ao espiritismo, e reciprocamente."

11

Pergunta: Podemos considerar que o magnetismo será a força do homem do futuro?

Bom Senso: "De tudo isto, concluo que o magnetismo, desenvolvido pelo espiritismo, é a chave de abóbada da saúde moral e material da humanidade futura."

"Deus me respondeu: 'O que me pede agora não posso lhe dar, mas estou dando a você o que me pediu antes de reencarnar'."

12

Pergunta: A prática do magnetismo de cura, seja pela ação de médiuns curadores ou de magnetizadores, contribuiria para o avanço do espiritismo?

Bom Senso: "Os médiuns curadores tendem a se multiplicar, assim como os Espíritos anunciaram, e isto tendo em vista propagar o espiritismo pela impressão que essa nova ordem de fenômenos não pode deixar de produzir sobre as massas, porque não há ninguém que não pense em sua saúde, mesmo os mais incrédulos. Quando, pois, se verá obter com o concurso dos Espíritos o que a ciência não pode dar, seria preciso muito convir que há uma força fora de nosso mundo. A ciência será assim conduzida a sair da via exclusivamente material onde permanece até este dia."

Os médiuns curadores são um dos mil meios providenciais para alcançar esse objetivo de acelerar o triunfo do espiritismo. Compreende-se facilmente que essa qualificação não pode ser dada aos médiuns escreventes, que obtêm prescrições médicas de certos Espíritos.

"Se durante a tua vida conseguir aliar o cérebro ao coração, estará eternamente em paz com a tua consciência!."

13

Pergunta: Da mesma forma que todos podemos, por meio da vontade, desenvolver o magnetismo de cura, é possível também pela vontade desenvolver a mediunidade?

Bom Senso: "Os ensinamentos contidos nos códigos espíritas, a advertência dos elevados Espíritos que os organizaram e a prática do espiritismo demonstram que nenhum indivíduo deverá provocar, forçando-o, o desenvolvimento das suas faculdades mediúnicas, porque tal princípio será contraproducente, ocasionando novos fenômenos psíquicos e não propriamente espíritas, tais como a autossugestão ou a sugestão exercida por pessoas presentes no recinto das experimentações, a hipnose, o animismo, ou personismo, tal como o sábio dr. Alexandre Aksakof classifica o fenômeno, distinguindo-o daqueles denominados 'efeitos físicos'."

A mediunidade deverá ser espontânea por excelência, a fim de frutescer com segurança e brilhantismo, e será em vão que o pretendente se esforçará por atraí-la antes da ocasião propícia. Tal insofridez redundará, inapelavelmente, repetimos, em fenômenos de autossugestão ou o chamado animismo, isto

"Se o ambiente à sua volta vibra a discórdia, seja você o exemplo da união e da paz."

é, a mente do próprio médium criando aquilo que se faz passar por uma comunicação de Espíritos desencarnados.

"Existem mediunidades que do berço se revelam no seu portador, e estas são as mais seguras, porque as mais positivas, frutos de longas etapas reencarnatórias, durante as quais os seus possuidores exerceram atividades marcantes, assim desenvolvendo forças do perispírito, sede da mediunidade, vibrando intensamente num e noutro setor da existência e assim adquirindo vibratilidades acomodatícias do fenômeno." - Dr. Bezerra de Menezes.

14

Pergunta: Como entender, segundo a afirmação do Espírito Channing, que consta em *O Livro dos Médiuns*, de que todos somos médiuns?

Bom Senso: "Somos todos inspirados. Se considerarmos a inspiração como mediunidade, então todos somos médiuns. Entretanto, faço uma resalva; a mediunidade inspirada é subjetiva e não se presta às revelações dos Espíritos, a menos que o inspirado seja uma alma cheia de virtudes e

"Se o ambiente à sua volta vibra orgulho, seja você o exemplo da humildade."

goze de relativa liberdade do Espírito para contatar o mundo espiritual à sua volta."

Até mesmo os de má vida são inspirados nas suas atribuições, entretanto, não podemos absolvê-los dos seus erros atribuindo-os aos Espíritos que os inspiram. Assim como não devemos atribuir aleatoriamente aos Espíritos as nossas realizações doutrinárias. Léon Denis, referindo-se ao célebre escritor Vitor Hugo, afirmou:

"Certamente não pretendemos que Vitor Hugo fosse médium no sentido restrito do vocábulo, como grande número de pessoas, aptas a obter fenômenos de mínimo valor. Esse pujante Espírito não podia ser restringido ao papel secundário de intérprete dos pensamentos de outrem. Queremos dizer que o Além projetava sobre ele suas radiações e harmonias, as quais fecundavam o seu gênio e dilatavam-lhe até ao infinito o horizonte do pensamento."

Geralmente, a inspiração é um estímulo projetado por meio do magnetismo pelos Espíritos afins, os quais querem fazer frutificar e valorizar as ideias do encarnado. Não é uma comunicação mediúnica no sentido restrito da palavra.

Se o encarnado é pintor, os Espíritos amantes da arte, o inspirarão em suas obras; se é um orador, será inspirado

"Se o ambiente à sua volta vibra desânimo, seja você o exemplo da coragem e da fé."

pelos Espíritos que comungam com suas ideias, e por aí à fora. Vitor Hugo sabia reconhecer a inspiração, mas jamais atribuiu suas obras aos Espíritos.

15

Pergunta: Podemos considerar a inspiração como uma mediunidade mental?

Bom Senso: "Quanto à existência da faculdade, dela não se poderia duvidar; pensamos mesmo que deve ser a mais frequente; porque o número de pessoas que sentem, no estado de vigília, a influência dos Espíritos e recebem a inspiração de um pensamento que sentem não ser o seu, é considerável; a impressão agradável ou penosa que se sente às vezes à vista de alguém que se vê pela primeira vez; o pressentimento que se tem da aproximação de uma pessoa; a penetração e a transmissão do pensamento, são também efeitos que se prendem à mesma causa e constitui uma espécie de mediunidade, que se pode dizer universal, porque todos dela possuem pelo menos os rudimentos; mas para sentir-lhe os efeitos marcantes, é preciso uma aptidão especial, ou melhor um grau de sensibilidade que é mais ou

"Se o ambiente à sua volta vibra a intolerância, seja você o exemplo da compreensão."

menos desenvolvido segundo os indivíduos. A esse título, como dissemos há muito tempo, todo o mundo é médium, e Deus não deserdou ninguém da preciosa vantagem de receber salutares eflúvios do mundo espiritual, que se traduzem de mil maneiras diferentes; mas as variedades que existem no organismo humano não permitem a todo mundo obter efeitos idênticos e ostensivos." – Kardec.

16

Pergunta: Podemos, por meio de inspirados, receber a identificação e detalhes do Espírito comunicante?

Bom Senso: "Kardec narra um acontecimento que envolve uma mãe que esperava uma identificação da filhinha desencarnada, a qual se manifestou respondendo à evocação de um médium inspirado, o fato responde a essa pergunta:

'Vossa filhinha, se bem que inteiramente desligada, não está em estado de vos fazer compreender como ocorre que ela não pode fazer o médium exprimir os termos que vos são conhecidos, que, no entanto, lhe sopra. Ela obedecia a uma lei em se comunicando, mas não a compreende bastante para explicar-lhe o mecanismo.'"

"Se o ambiente à sua volta vibra o egoísmo, seja você o exemplo da caridade."

"A mediunidade é uma faculdade cujas nuanças variam infinitamente, e os médiuns que tratam ordinariamente dos assuntos filosóficos não obtêm senão raramente, e sempre espontaneamente, dessas particularidades que fazem reconhecer a personalidade do Espírito de maneira evidente. Quando os médiuns desse gênero pedem uma prova de identidade no desejo de satisfazer o evocador, as fibras cerebrais tensas, pelo seu próprio desejo, não estão mais bastante maleáveis para que o Espírito as faça mover à sua vontade; segue-se que as palavras características não podem ser reproduzidas. O pensamento fica, mas a forma não existe mais. Não há, pois, nada de espantoso em que a vossa filha vos tenha chamado pai em lugar de vos dar a qualificação familiar à qual esperáveis. Por um médium especial, obtereis resultados que vos satisfarão; não é senão ter um pouco de paciência."

Neste esclarecimento, Kardec aconselha a mãe a ter paciência e esperar por uma oportunidade de estar diante de um médium especial, pois o médium inspirado que atende aos assuntos filosóficos, não dispunha de recursos orgânicos para oferecer-lhe uma consistente identificação da filha amada.

O médium inspirado pode registrar e interpretar os pensamentos de um Espírito que quer se comunicar com os

"Se o ambiente à sua volta vibra a idiferença, seja você o exemplo da fraternidade."

entes queridos ainda encarnados e grafá-los no papel. A letra obedecerá o estilo do inspirado, e a interpretação dos pensamentos do Espírito poderá não ser carregada do caráter e do estilo do comunicante. Isso dificulta aos parentes reconhecerem o ente querido. Se por ventura reconhecerem, ficarão maravilhados e cheios de fé, mas se não reconhecerem, poderão, em prejuízo do espiritismo, desacreditarem da comunicabilidade dos Espíritos. Por isso mesmo, a manifestação de um Espírito por meio de um inspirado é quase sempre subjetiva, não se presta a revelações e muito menos a oferecer provas de identidade. Peca quem a pratica com esse intuito.

17

Pergunta: Do que depende a possibilidade de se desenvolver a mediunidade?

Bom Senso: "O fluido perispirítico é o agente de todos os fenômenos espíritas, que só se podem produzir pela ação recíproca dos fluídos que emitem o médium e o Espírito. O desenvolvimento da faculdade mediúnica depende da natureza mais ou menos expansiva do perispírito do médium e da

"Se o ambiente à sua volta vibra vaidade, seja você o exemplo da simplicidade."

maior ou menor facilidade da sua assimilação pelos Espíritos; depende, portanto, do organismo e pode ser desenvolvida quando exista o princípio; não pode ser adquirida quando o princípio não exista." (*Obras Póstumas* - 1ª parte (dos médiuns) - cap. 6 - item 34 - Allan Kardec).

18

Pergunta: Os grandes gênios foram médiuns?

Bom Senso: "Aquele que explorou os recantos das bibliotecas, que escutou os mestres falarem, que pesquisou a ciência, a filosofia, a arte, a religião, da antiguidade mais recuada até nossos dias, tornou-se o médium da arte, da história, da filosofia e da religião? É o médium dos tempos passados quando escreve a seu turno? Não, porque ele não conta os outros, mas aprendeu dos outros a contar, e enriquece seus relatos de tudo o que lhe é pessoal. O músico, por muito tempo escutou a toutinegra e o rouxinol, antes de inventar a música; Rossini escutou a Natureza antes de traduzí-la ao mundo civilizado. Ele é o médium do rouxinol e da toutinegra? Não, ele compõe e escreve. Escutou o Espírito que veio cantar-lhe as melodias do céu; escutou o

"Se o ambiente à sua volta vibra a maledicência, seja você o exemplo das boas palavras."

Espírito que uivou a paixão aos seus ouvidos; ouviu gemerem a virgem e a mãe deixando cair, em pérolas harmoniosas, sua prece sobre a cabeça de seu filho. O amor e a poesia, a liberdade, o ódio, a vingança, e quantidade dos Espíritos que possuem esses sentimentos diversos, alternativamente cantaram suas partituras. Ele os escutou, os estudou, no mundo e na inspiração, e de um e de outro, fez as suas obras; mas não era médium, não mais do que não é médium o médico que ouve os doentes contarem o que sentem e que dá o nome às suas doenças. A mediunidade teve suas horas nele como em todo outro; mas fora desses momentos muito curtos para a sua glória; o que fez, ele o fez só com a ajuda dos estudos hauridos nos homens e nos Espíritos."

"A esta conta, somos médium de todos; somos o médium da Natureza, o médium da verdade..."

19

Pergunta: Há um progresso nos meios de comunicação com os Espíritos? As características mediúnicas evoluirão?

Bom Senso: "Nesta frase onde o Espírito disse que deixa a outros de explicar a teoria do progresso, foi motivada por diversas questões que tinham sido propostas sobre

"Se o ambiente à sua volta vibra a mágoa, seja você o exemplo da perdão."

esse assunto da sessão. Quando ele disse que a mediunidade é um tema inesgotável de pesquisas e de estudo inesgotável, ele está perfeitamente na verdade.

"Embora o estudo dessa parte integrante do espiritismo esteja longe de ser completo, já estamos longe do tempo em que se acreditava que bastava receber um impulso mecânico para se dizer médium e se crer apto a receber as comunicações de todos os Espíritos. Isto equivaleria a pensar que uma pessoa qualquer que tocasse uma pequena música em um piano deveria necessariamente ser um excelente músico. O progresso da ciência espírita, que se enriquece cada dia de novas observações, nos mostra a quantas causas diferentes e influências delicadas, que não se supunha, estão submetidas as relações inteligentes com o mundo espiritual. Os Espíritos não podiam ensinar tudo ao mesmo tempo; mas, como hábeis professores, à medida que as ideias se desenvolvem, entram em maiores detalhes, e revelam os princípios que, dados prematuramente, não teriam sido compreendidos, e teriam feito confusão em nosso pensamento."

"A mediunidade exige, pois, um estudo sério da parte de quem vê no espiritismo uma coisa séria. À medida que as verdadeiras atividades dessa faculdade forem melhor conhecidas, estar-se-á menos exposto às decepções, porque

"Se o ambiente à sua volta vibra o exagero, seja você o exemplo da sensatez."

saber-se-á o que ela pode dar, e em que condições pode fazê-lo; e quanto mais houver pessoas esclarecidas sobre este ponto, menos haverá vítimas do charlatanismo."

20

Pergunta: Qual a importância da mediunidade para o espiritismo?

Bom Senso: "A mediunidade, ou a faculdade de se comunicar com os Espíritos, não constitui o fundo do espiritismo. Sem isto, para ser espírita, seria preciso ser médium; não está ali senão um acessório, um meio de observação, e não a ciência que está toda inteira na doutrina filosófica. O espiritismo não está mais enfeudado nos médiuns do que a astronomia o está numa luneta; e a prova disto é o que se pode fazer do espiritismo sem médiuns, como se o fez da astronomia muito tempo antes dos telescópios. A diferença consiste em que, no primeiro caso, faz-se da ciência teórica, ao passo que a mediunidade é o instrumento que permite assentar a teoria sobre a experiência. Se o espiritismo estivesse circunscrito na faculdade mediúnica, sua importância seria singularmente

> *"Se o ambiente à sua volta vibra a tristeza, seja você o estímulo da alegria."*

diminuída e, para muitas pessoas, se reduziria a fatos mais ou menos curiosos."

Aqui ficou claro que o espiritismo não tem como objetivo fundamental a mediunidade. Ela é meio de experimentação para se constatar a realidade espiritual da vida, assim como a luneta e os telescópios servem aos astrônomos para desvendarem as maravilhas cósmicas do universo. Isso não quer dizer que todos tenhamos que ser astrônomos e médiuns.

A astronomia não pode impor que todos sejamos astrônomos para conhecermos os astros e estrelas do universo, basta que alguns poucos o sejam para informar a humanidade sobre a realidade cósmica.

Portanto, para ser espírita não é necessário que sejamos todos médiuns. Para tanto, basta estudarmos e colocarmos em prática as revelações e os ensinamentos que os Espíritos trouxeram à baila, por meio de alguns médiuns preparados para isso.

"Se o ambiente à sua volta vibra o fracasso, seja você o estímulo do sucesso."

21

Pergunta: Jesus curava pelo magnetismo?

Bom Senso: "Como homem, tinha a organização dos seres carnais; porém, como Espírito puro, desprendido da matéria, havia de viver mais da vida espiritual, do que da vida corporal, de cujas fraquezas não era passível. A sua superioridade com relação aos homens não derivava das qualidades particulares do seu corpo, mas das do seu Espírito, que dominava de modo absoluto a matéria e da do seu perispírito, tirado da parte mais quintessenciada dos fluidos terrestres. Sua alma, provavelmente, não se achava presa ao corpo, senão pelos laços estritamente indispensáveis. Constantemente desprendida, ela decerto lhe dava dupla vista, não só permanente, como de excepcional penetração e superior de muito à que de ordinário possuem os homens comuns. O mesmo havia de dar-se, nele, com relação a todos os fenômenos que dependem dos fluidos perispirituais ou psíquicos. A qualidade desses fluidos lhe conferia imensa força magnética, secundada pelo incessante desejo de fazer o bem.

Agiria como médium nas curas que operava? Poder-se-á considerá-lo poderoso médium curador? Não,

"Se o ambiente à sua volta vibra medo, seja você o estímulo da coragem e da segurança."

porquanto o médium é um intermediário, um instrumento de que se servem os Espíritos desencarnados e o Cristo não precisava de assistência, pois que era ele quem assistia os outros. Agia por si mesmo, em virtude do seu poder pessoal, como o podem fazer, em certos casos, os encarnados, na medida de suas forças. Que Espírito, ao demais, ousaria insuflar-lhe seus próprios pensamentos e encarregá-lo de os transmitir?

Se algum influxo estranho recebia, esse só de Deus que lhe poderia vir."

A descrição de Jesus feita por Kardec, é a descrição das condições do homem do futuro quando estiver despojado das suas imperfeições.

Por isso, entendemos que o espiritismo não foi revelado ao mundo para se constituir em uma nova religião, mas restaurar e esclarecer a Mensagem Cristã numa consistente Educação Espiritual para a Vida. Mas, para tanto, não podemos repetir os mesmos erros do cristianismo deturpado pelas religiões do mundo, alienando as consciências às práticas institucionais, colocando-as como mais importantes do que a prática das virtudes.

Os ensinamentos e as revelações contidas na Codificação Espírita se destinam a formar consciências

"Se o ambiente à sua volta vibra desatino, seja você o exemplo da ponderação."

verdadeiramente alinhadas à consciência Cristã. Sua prática não se resume em práticas doutrinárias restritas aos templos. A verdadeira prática está nas atitudes dos seus adeptos, influenciando o aprimoramento moral do meio onde atua no seio da humanidade, seja no lar, na Cultura, nas Artes, na Política ou na Ciência. Esse será o mais importante e o mais autêntico serviço a ser prestado por aqueles que realmente desejam servir à propagação do Espiritismo.

Nelson Moraes

"Se o ambiente à sua volta vibra a incerteza, seja você o exemplo da fé."

Bibliografia:

Obras de Allan Kardec consultadas
Revista Espírita de 1858 à 1869 - IDE
"*O Livro dos Médiuns*", "*O Livro dos Espíritos*", "*A Gênese*" "*O Evangelho Segundo o Espiritismo*", "*Obras Póstumas*", IDE.

Outras:

"*Mecanismos da Mediunidade*", cap. IV, André Luiz/Chico Xavier/Waldo Vieira, FEB
"*Evolução em Dois Mundos*", André Luiz/Chico Xavier/Waldo Vieira, Cap. I, edição FEB
"*Recordações da Mediunidade*" - Ivone Pereira - FEB
Todos os grifos são nossos.

OBRAS DE **NELSON MORAES**

Um Roqueiro no Além
Nelson Moraes/Zílio
14x21 cm | 128 Pág.

Roqueiro famoso, surpreendido pela morte prematura causada pelo uso abusivo de álcool e de drogas, se vê diante de uma realidade que jamais imaginara.

Há Dez Mil Anos
Nelson Moraes
14x21 cm | 160 Pág.

Do mesmo autor de "Um Roqueiro no Além", esta obra reúne relatos de lembranças de uma vida passada pelo Espírito Zílio.

Perdão
O Caminho da Felicidade!
Nelson Moraes/Aulus
14x21 cm | 128 Pág.

O perdão é o verdadeiro caminho da felicidade. A obra narra episódios onde incompreensão e mágoa funcionam como cárceres mentais, atravancando o progresso moral do homem.

OBRAS DE **SAARA NOUSIAINEN**

Chegou a hora e Agora?
Saara Nousiainen
16 x 23 cm | 224 Pág.

Nesta obra, a autora, com seu estilo envolvente e esclarecedor, indica a melhor forma de nos prepararmos para os eventos referentes à transição planetária, além de nos capacitar a colaborar como presenças benéficas nos acontecimentos vindouros.

Nós e o Mundo Espiritual
Saara Nousiainen
10 x 15 cm | 208 Pág.

Tudo sobre o mundo espiritual e seu inter-relacionamento conosco, nos milenares processos evolutivos do ser humano e da vida. Para onde vamos depois da morte; As leis cósmicas; Obsessão; Mediunidade; A reencarnação; O mundo espiritual; O que são espíritos sofredores.

Mundo Espiritual perguntas e respostas
Saara Nousiainen
14 x 21 cm | 256 Pág.

Nesta obra, Saara Nousiainem, de forma simples direta e elucidativa, aborda diversos temas relacionados à Doutrina Espírita, utilizando o método de perguntas e respostas.

Um Forró no Umbral
Saara Nousiainen
14 x 21 cm | 128 Pág.

A autora traz na trama desses enredos, verdades profundas que geralmente não são percebidas no cotidiano. E é no relembrar dessas lições que vamos gerando no inconsciente as "memórias" que orientam nossas ações, e construindo para nós mesmos um futuro melhor.

Maria, Mãe de Jesus
Francisco C. Xavier/Yvonne Pereira/
Edison Carneiro
14x21 cm | 192 Pág.

Uma Biografia fidedigna da Mãe de Jesus, contendo alguns "flashes" das atividades de Maria na espiritualidade e poemas retratando Nossa Senhora.

Bezerra de Menezes
O médico dos pobres
14x21 cm | 128 Pág.

Biografia do Dr. Bezerra de Menezes, destacando sua personalidade caridosa e sua atuação no movimento espírita brasileiro buscando unir os partidários do espiritismo científico aos do religioso.

O Livre-Arbítrio
Edgard Armond
14x21 cm | 160 Pág.

Como fazer bom uso de nosso livre-arbítrio? Nossas escolhas na vida são o resultado do que somos. Este conceito da Doutrina Espírita auxilia o homem no processo evolutivo, cujo caminho é o amor universal.

OBRAS DE **EDGARD ARMOND**

Os Exilados da Capela
Edgard Armond
14x21 cm | 192 Pág.

A formação e evolução das raças no planeta Terra. Obra extraor-dinária que cuida das grandes indagações dos homens acerca do início da humanidade.

Na Cortina do Tempo
Edgard Armond
14x21 cm | 128 Pág.

Sobreviventes salvos da Atlântida preservam seus conhecimentos destinados à posteridade.

Almas Afins
Edgard Armond
14x21 cm | 160 Pág.

A trajetória de Espíritos afins desde a submersa Lemúria até os dias atuais.